JEAN-PIERRE POULAIN / JEAN-LUC ROUYER

Histoire et Recettes de la Provence et du Comté de Nice

Photographies
J.-Louis Aubert
P. Ducoux-Barège

Privat

Collection « **Itinéraires gourmands** »
dirigée par *Jean-Pierre Poulain*

Parus :

- **La Gascogne gourmande** par *J.-R. Bourrec*
- **Le Limousin gourmand** par *J.-P. Poulain*
- **Le Pruneau gourmand** par *J.-C. Souyri et N. Glory*
- **Histoire et Recettes de la Provence et du Comté de Nice** par *J.-P. Poulain et J.-L. Rouyer*

A paraître :

- **L'Alsace gourmande** par *J.-M. Truchelut et J.-P. Drischel*

L'idée en est à la fois simple et audacieuse : replacer les recettes traditionnelles d'une cuisine locale dans leur contexte culturel, sociologique, historique... Ce qui, de la façon la plus rigoureuse qui soit, s'appelle désormais l'ethnocuisine, à laquelle cette collection entend donner ses lettres de noblesse !

Jean-Pierre Poulain a également publié aux éditions Lanore, en collaboration avec Gabriel Larrose :

Traité d'ingénierie hôtelière
Conception et organisation des hôtels, restaurants et collectivités.

A Claudine et Véronique.

I

Nouvelle histoire gastronomique de la Provence

« Lorsque l'on considère combien la Provence fournit, soit de son propre sol, soit par son commerce, d'excellentes choses aux gourmands, l'on se sent pénétré de reconnaissance pour cette aimable province, à qui l'on doit l'huile d'Aix, le thon mariné, les anchois de Fréjus, les figues d'Olioulles, les prunes de Brignoles, les panses de Roquevaire, les olives marinées et farcies, les marrons du Luc, les grenades, les oranges d'Hyères, les prunes fleuries, les brignoles pistoles, etc... délicieuses productions de son territoire ou de la mer qui baigne ses côtes et dont les ports, surtout celui de Marseille, servent d'entrepôt à ce que le midi de l'Europe et le Levant fournissent de plus exquis pour flatter notre sensualité. »[1]

Ce n'est pas un provençal qui parle, mais un gastronome parisien ; et non des moindres, puisqu'il s'agit de Grimod de la Reynière, le célèbre fondateur en 1803 de *l'Almanach des Gourmands* – l'ancêtre de notre guide Gault et Millau...

Une solide tradition

La réputation culinaire du « Pays du soleil » n'est plus à faire ; son prestige rayonne bien au-delà de l'hexagone.

Elle s'ancre dans l'histoire la plus ancienne de cette « provincia » romaine, et plus loin encore : la ville de Marseille n'a-t-elle pas été fondée à la suite du banquet durant lequel se décida l'union d'un chef phocéen, Protis (appartenant à une colonie grecque d'Asie mineure) et la ravissante Gyptis, fille du roi qui régnait à l'époque sur la calanque de Massalia.

---

1. Grimod de la Reynière, *Almanach des Gourmands*, 3e année, p. 312-313.

Au Moyen Age, la ville d'Aix possède une cour renommée, d'où la reine Jeanne et, plus tard, le « Bon Roi René » règnent sur le Comté de Provence et le royaume de Sicile.

En 1305, les papes se réfugient en Avignon pour se protéger des troubles que connaît l'Italie, achètent la ville à la reine Jeanne, et y construisent le fameux Palais. On connaît les rapports très intimes qu'entretiennent pendant ces siècles le clergé et la bonne chère. Le Châteauneuf-du-Pape est un des plus chatoyants héritages que ces jolis temps bénis ont laissés à la gastronomie provençale.

Puis, vers la fin du XVe siècle, à la suite de quelques manœuvres douteuses de succession, la Provence devient française, plus ou moins contre son gré. Ainsi s'engage un long processus d'intégration nationale.

La départementalisation révolutionnaire de 1790 fait voler en éclats l'unité provençale en une mosaïque de départements. Les particularismes régionaux sont mis à mal. La langue française s'impose.

Cependant, à Paris, dès 1786, c'est-à-dire avant même que la mode ne démarre, trois frères[1] ouvrent un restaurant à l'enseigne des « Frères Provençaux », rue Helvetius, l'actuelle rue Sainte Anne. Et ici, malgré un « cadre médiocre – salle sans apparence, nappes en toile cirée, salières en bois, peu d'argenterie – la clientèle accourt, découvrant ces spécialités délicieusement apprêtées du Midi : bouillabaisse et brandade de morue. »[2]

La cuisine provençale entre dans la cuisine française. Elle va même connaître un réel engouement jusqu'à ce que l'ail devienne presque une valeur emblématique de la cuisine révolutionnaire. Ecoutons Grimod de la Reynière :

« Ceux qui sont au courant de l'histoire de la cuisine savent jusqu'à quel point plusieurs ragoûts provençaux ont pris faveur à Paris depuis la Révolution : aussi l'ail qu'on tolérait à peine autrefois dans nos cuisines, que les cuisiniers même n'employaient qu'en cachette, dont le nom seul suffisait pour donner des vapeurs à nos petites-maîtresses de la Cour et de la ville, est-il devenu depuis cette époque un assaisonnement presque vulgaire à Paris. Non seulement les cuisiniers en usent sans mystère ; mais les femmes les plus délicates ne se font plus scrupule de manger les ragoûts où il domine : la douceur de leur haleine en est sans doute fort altérée ;

1. En réalité beaux-frères, mais c'est ainsi qu'ils se font appeler.
2. J.-P. Aron, *Le mangeur du XIXe siècle*, Gonthier Denoël, 1973, p. 15.

mais comme tout le monde s'est mis à ce régime, personne n'a plus sur ce point de reproches à faire aux autres. »[1]

Cependant, au pays, l'âme provençale qui subit les coups de rabot centralisateurs organise sa résistance et, en 1854, quelques poètes de génie, rassemblés autour de Frédéric Mistral, de Joseph Roumanille et de Théodore Aubanel, fondent le Félibrige. Leur but : fait renaître la culture et le « parler » provençaux. Dans leur sillage, paraîtront des ouvrages de recettes qui tentent de codifier et de fixer la cuisine provençale. Parfois les folkloristes y ajoutent leur plume et chantent plats et produits régionaux. L'aïoli va jusqu'à prêter son nom à un journal régional provençal fondé par Mistral en 1891.

Comme chaque fois qu'une identité culturelle est mise en péril, la cuisine devient un lieu privilégié de résistance. La bouillabaisse est élevée au rang d'emblème de la région toute entière.

On dispose donc maintenant de nombreux ouvrages de cuisine provençale. Le thème semble avoir été bien traîté, peut-être même rebattu ; l'ouvrage de Morard *Les secrets de la cuisine dévoilée* de 1886, s'est vu récemment réédité, avec cette fois le titre couleur locale de Manuel complet de la cuisine provençale[2]. Le « Reboul »[3], un classique, ne compte pas moins de 30 rééditions. René Jouveau, l'historien du Félibrige, s'est lui-même lancé dans la rédaction d'un bréviaire de cuisine, véritable hymne à la cuisine provençale « traditionnelle et populaire »[4].

Le problème semble donc bien cerné et les pratiques codifiées : on s'accorde à ne pas mettre de langouste dans la bouillabaisse ; l'huile d'olive est, tout le monde en est sûr, l'extrême onction de la cuisine sacrificielle provençale ; et l'odeur de l'ail, bien évidemment, son souffle divin.

Les érudits en gastronomie savent que la tomate qui inonde les plats contemporains dits « à la Provençale » est originaire d'Amérique. Introduite en Europe par les conquistadores au cours du XIVe, elle ne s'intègre véritablement dans les cuisines provençale et italienne, via le Languedoc, que vers le XVIe siècle. La Provence traditionnelle c'est l'ail, l'olive, le mouton, les poissons, les aromates.

---

1. Grimod de la Reynière, *L'almanach des Gourmands*, 3e année, p. 207.
2. Morard, *Manuel complet de cuisine provençale*, Editions Jeanne Laffitte, 1984.
3. J.-B. Reboul, *La cuisine provençale*, Tacussel.
4. R. Jouveau, *La cuisine provençale de tradition populaire*, Nîmes, 1976.

Le Roi René préférait l'huile de noix...

Tout va pour le mieux dans le meilleur des mondes quand, tout à coup, telle une boîte de conserve de bisque de homard qui éclate dans un film de Pagnol, une bombe est lancée dans le milieu gastronomique marseillais. Elle déclenche une véritable tempête dans les restaurants du port.

Louis Stouff, un enfant du pays, nourri au biberon de la nouvelle histoire, jette le trouble dans les esprits : notre cuisine régionale ne serait peut-être pas tout à fait celle que l'on croit. Voilà que ce pilier de la bibliothèque Méjanes – « il aurait mieux fait d'aller au bistrot » diront certains – à coup de monographies et de cartes alimentaires, nous annonce tout cru que la cuisine provençale des XIVe et XVe siècles, celle de la grande période de la Provence indépendante, celle des Papes et du Bon Roi René, celle qui est chantée comme l'âge d'or par tout le Félibrige, n'a rien de « très original » et ne répond pas du tout à l'image que les folkloristes du XIXe ont pu en donner.

« La consommation de l'huile d'olive, l'emploi de l'ail, la prépondérance de la chair de mouton, un goût certain pour les plantes aromatiques ont de quoi réjouir les chantres d'une Provence folklorique. Mais à bien y réfléchir, la plupart de ces traits n'ont rien de spécifiquement provençal. On les retrouve dans les pays riverains de la Méditerranée. L'ail est utilisé bien au-delà de la Provence dans les régions septentrionales. »[1]

L'huile de noix était utilisée jusqu'à Gardanne, aux portes d'Aix, et le « Bon Roi René », véritable trahison, l'a préférée même à celle d'olive.[2]

Et Louis Stouff enfonce le clou : « Les spécialistes ont tendance à faire de l'huile d'olive, l'originalité de la cuisine provençale. René Jouveau, dans *La cuisine provençale de tradition populaire* évoque : « ce fruit qui donne l'huile dont toute la cuisine provençale est parfumée », et il commence son ouvrage par un véritable hymne à l'olive. Ce qui est vrai du XIXe ou du XXe siècle, ne l'est pas forcément du bas Moyen Age. En ce temps l'huile n'est, semble-t-il, utilisée que pour les œufs et le poisson, la friture de fèves. En

---

1. Louis Stouff, *Ravitaillement et alimentation en Provence*, Mouton, 1970.

2. M. Chaillan, *Le Roi René à son Château de Gardanne*, Paris, 1909, p. 44 : « Il veut que son concierge du manoir de Gardanne et sa fame ayant tous les noyers de toutes les terres, vignes et aultres lieux où ils seraient situezs et assys, pour faire l'huile pour le Roy et pour la Royne, pource que le Roy l'ame mieulx que ne fait celle de l'ollitz... ». Cité par L. Stouff, p. 261.

dehors de ces quelques plats, c'est la viande de porc salé qui est la graisse par excellence des potages. »[1]

Rien ne semble plus distinguer alors véritablement la cuisine populaire de la Provence : « Le potage de pois, de fèves ou de choux, avec du lard, est l'aliment fondamental des paysans, des artisans, des gens simples de la Provence. Elle est aussi celle de la masse des hommes dans l'Europe du bas Moyen Age. »[2]

Pas plus d'ailleurs que la cuisine festive : « La cuisine des jours de fête, celle des milieux riches, comme l'archevêché d'Arles ou la cour pontificale, n'a rien non plus de particulièrement provençal. Il y a une cuisine cosmopolite qui est celle de l'aristocratie dans l'Occident médiéval. »

Et Louis Stouff de conclure : « Au niveau des hommes les plus humbles comme des plus puissants et à travers une documentation évidemment très fragmentaire, il n'apparaît pas qu'il y ait eu, aux deux derniers siècles du Moyen Age, une cuisine provençale originale. »[3]

La coupe est pleine ! Les cuisines régionales qui se veulent traditionnelles seraient-elles des produits de notre modernité ? Le Félibrige se réduirait-il à une vaste usurpation de passéistes en mal d'identité ?

Sans doute pas. Mais Louis Stouff a le mérite de poser clairement le problème de l'histoire des cuisines régionales, et de ruiner le mythe du paradis culinaire perdu.

En effet, une croyance fort répandue considère les cuisines traditionnelles comme des ensembles stables et parfaitement définis, résultant de l'activité spontanée des « hommes de la terre », sur les produits alimentaires locaux. Le mythe d'une alimentation naturelle du « bon sauvage » rousseauiste n'est pas loin. Il prend d'autant plus de prégnance que l'industrialisation de notre monde alimentaire se révèle anxiogène.

Depuis peu, on l'a même vu se parer du discours d'un structuralisme pseudo-scientifique, qui prétendait substituer un vocabulaire d'une lourdeur indigeste à la poésie sensualiste du discours de table. Rassurons-nous, la vague est passée !

Ce mythe du paradis culinaire perdu semble une constante de la sphère alimentaire. Nous venons de le voir dans la cuisine régionale où il s'oppose à l'uniformisation, à la standardisation, au gommage des particularismes

---

1. Louis Stouff, *op. cit.*, p. 261.
2. *Ibid*
3. Louis Stouff, *op. cit.*, p. 262.

alimentaires qu'impose l'intégration d'une mosaïque régionale à l'identité économique et politique nationale.

Mais il est aussi présent dans la grande gastronomie. La cuisine classique n'a-t-elle pas, pendant plus de 150 ans, répété de façon rituelle des recettes créées au XIXe siècle, au temps de « l'âge d'or de la gastronomie », par quelques pères fondateurs : Antonin Carême, Urbain Dubois, Emile Bernard, Jules Gouffé...

La psychanalyse s'en mêle

Il se retrouve également dans la sphère individuelle, où Gaston Bachelard, grand explorateur de l'imagination poétique, s'appuyant sur la psychanalyse, met en évidence les deux temps de l'imaginaire alimentaire. La période de l'avalage heureux, dans laquelle l'enfant, dans une jouissance béate, tète le sein de sa mère ; et celle du croquage, concomitante de la poussée dentaire, qui marque l'entrée dans le monde alimentaire des adultes. L'enfant éprouve alors le désir de mâcher le mamelon de sa mère, mais s'il passe à l'acte elle lui retire le sein. Il entre alors dans l'ordre de l'ambivalence, de l'opposition du Bien et du Mal.

A ce titre, il est intéressant de noter que le passage de l'éden à la terre de souffrance survient, dans la mythologie chrétienne, après qu'Eve a croqué la pomme.

Plaisir innocent de la succion et de l'avalage ; et plaisir culpabilisant – mais libérant une forte charge agressive – articulent tous deux l'imaginaire gastronomique.

« On comprendra facilement », nous dit Gaston Bachelard, « qu'un repas doit s'estimer par... les justes satisfactions apportées à la totalité de l'être inconscient... A côté de substantiels sacrifices à la volonté de mordre, il doit comporter un hommage à l'heureux temps où nous avalions tout, les yeux fermés... Toute la gastronomie en sera rénovée »[1], ajoute-t-il en 1948.

Cette croyance naïve en une cuisine régionale idéalisée n'est que l'expression de la nostalgie de ces temps édéniques où nous sucions le sein de nos mères. L'assimilation de la région natale à la mère « notre Mère

1. G. Bachelard, *La terre et les rêveries du repos*, José Corti, 1948, p. 156.

Provence »... est trop fréquente dans la bouche des hérauts du traditionalisme régional pour être soulignée.

Que le goût pour les cuisines régionales s'inscrive dans une mythologie individuelle et sociale n'a rien de surprenant, car nous savons mieux encore depuis Gilbert Durand[1] comment l'imaginaire de l'homme s'enracine dans les mythes. Mais ceux-ci présentent deux aspects : moteur de l'imagination, ils régénèrent la création par leur dynamique oppositionnelle, mais lorsqu'une forme mythique particulière devient dominante, monopolisante, obnubilante, elle se dégrade en mythe vulgaire qui stérilise l'imagination, et qu'il convient alors de démystifier.

L'omnipotence du mythe du paradis culinaire perdu, en décrétant une séparation des temps, de l'avant-édénique et du maintenant de la déchéance, empêche de poser le problème des cuisines régionales dans une perspective réellement historique.

L'identité d'une cuisine ne réside pas dans la permanence de ces recettes, mais dans sa vitalité et son aptitude à intégrer des produits nouveaux et à s'approprier des techniques qui lui sont étrangères.

Les qualités d'une gastronomie régionale dépendent de la richesse de ses produits, mais aussi et surtout de l'imagination, de la culture de l'esprit des hommes qui la font.

La Provence est un lieu de passage historique entre la France et l'Italie, un carrefour économique entre l'Europe du Nord et le Monde Méditerranéen. Loin d'être un système fermé, replié sur lui-même et sur son passé, sa cuisine est ouverte aux influences multiples qu'elle sait intégrer sans perdre sa spécificité.

Quelle cuisine a opéré avec autant de talent la synthèse des influences italiennes et françaises, utilisé avec autant de bonheur des produits nouveaux comme la tomate ou l'aubergine au point qu'ils soient devenus pour les non-initiés de véritables symboles de l'alimentation provençale ?

---

1. Gilbert Durand : père de la nouvelle anthropologie de l'imaginaire, disciple de Gaston Bachelard ; fondateur du centre de recherche sur l'imaginaire. Lire : « *L'imagination symbolique* », PUF ; *Les structures anthropoliques de l'imaginaire*, Bordas, 1969.

L'apport de la « nouvelle cuisine »

Notre volonté, vous l'avez compris, n'est pas ici de chanter quelque « Provence éternelle » qui « bientôt renaîtra » – contradiction avouant implicitement qu'elle serait déjà morte – pas plus d'ailleurs que de sacrifier au mythe du paradis culinaire perdu... Car la cuisine provençale est vivante. Bien vivante même.

Jacques Maximin, Roger Vergé, Raymond Thuilier et son petit-fils Jean-André Charial, Jean-Paul et Gérald Passedat, Pierre et Jany Gleize... et tant d'autres en portent haut l'étendard et la représentent de par le monde.

Mais nous voyons certains lecteurs froncer le sourcil et objecter d'un ton goguenard : « Ces cuisiniers font de la *nouvelle cuisine* comme Michel Guérad, Alain Senderens ou Fredy Girardet ; qu'y a-t-il de Provençal dans leur assiette ?

Même nouvelle – et nous dirions surtout parce que nouvelle – leur cuisine est avant tout provençale !

Grâce à l'ail, l'huile d'olive, le basilic, la tomate... par l'usage des produits régionaux ?

Pas seulement ! Réduire l'identité de leurs pratiques aux seuls produits du terroir, dont elle renouvelle l'utilisation, serait passer à côté de l'essentiel : le soleil qui l'habite, le bleu du ciel qui l'inspire, le mistral qui la traverse, les essences qui en assurent le fond.

Tout aussi paradoxal que cela puisse paraître, la « nouvelle cuisine » est en train de régénérer les cuisines régionales ; à commencer, et sûrement d'assez loin, par la cuisine provençale.

Ainsi une « nouvelle cuisine de terroir » émerge-t-elle peu à peu, au développement de laquelle, depuis plus de trois ans, notre collection « Itinéraires gourmands » entend se consacrer.

Pour bien saisir l'ampleur du phénomène, il convient de comprendre les relations qui se tissent jusqu'alors entre cuisine classique et cuisines régionales traditionnelles.

La cuisine classique a, durant plus de 150 ans, réduit le rôle du cuisinier à celui d'interprète d'œuvres nationales, parisiennes. Toute innovation apparaissait alors comme la perversion d'une perfection première. Le grand art consistait à faire revivre l'âge d'or de la gastronomie.

La nouvelle cuisine, en libérant le cuisinier de tels carcans, des recettes qu'il répétait de façon quelque peu névrotique, lui impose une pratique créative. Exercice difficile, s'il en est, qui suppose à la fois une solide

formation classique, de l'imagination. Qui, surtout, ne pardonne pas aux amateurs. Car la vraie création ne se fait pas *ex nihilo*.

Dans un premier temps, on a connu une période de défoulement ; les cuisiniers prenaient comme à plaisir le contre-pied des règles classiques et se lançaient dans des associations insolites. À cette époque, un certain nombre d'usurpateurs proposèrent, sous l'appellation « nouvelle cuisine », de véritables aberrations alimentaires. Et ce fut l'ère, bien vite dépassée, des sardines aux fraises et du turbot au kiwi.

Cependant, en profondeur, un vaste processus de régénération s'était engagé. Rapidement s'imposa aux vrais créateurs la nécessité d'une démarche culturelle visant la réappropriation de leur passé culinaire et le réinvestissement des valeurs gastronomiques niées par la cuisine classique.

On vit A. Senderens se lancer dans l'étude de vieux grimoires du XIIIe siècle et s'adonner à ce qu'il appelle lui-même « l'archéologie culinaire ». Puis ce furent les traditions régionales qui suscitèrent l'intérêt ; et l'on vit naître cette « nouvelle cuisine de terroir », véritable réunification de ce que Jean-François Revel désigne comme les « deux sources de la cuisine »[1], c'est-à-dire la tradition populaire et la grande cuisine.

Jusqu'à la Révolution, la grande cuisine est une cuisine de cour. Elle se différencie des pratiques populaires et bourgeoises par la richesse de ses produits et le degré d'élaboration de ses techniques. Tout ce qui est par trop lié à la nécessité, tout ce qui sent le terroir constitue l'antithèse du bon goût. L'art culinaire se constitue en se distanciant, en se distinguant des cuisines populaires ou bourgeoises.

Louis Stouff nous a montré comment les pratiques alimentaires de la noblesse des XIVe et XVe siècles étaient, quelles que soient les régions, sensiblement les mêmes.

Après 1789, les Maîtres Queux, jadis au service de la noblesse, se retrouvent sur le pavé. Certains ouvrent des restaurants, d'autres se font engager par la bourgeoisie. Car les nouveaux tenants du pouvoir voient dans la table le moyen de conquérir leur légitimité : il faut posséder les attributs de la noblesse pour s'anoblir soi-même.

---

1. J.-F. Revel, *Un festin en paroles*, J.-J. Pauvert, 1970, p. 19.
On reconnaîtra le clin d'œil du philosophe gastronome à l'ouvrage d'Henri Bergson : *Les deux sources de la morale et de la religion*, PUF, 1932.

Et, toujours, la référence parisienne

Sous la Première République, et plus encore sous l'Empire, le destin politique de la France se joue dans la capitale ; « le centralisme s'érige en vision du monde », et la cuisine elle aussi devient parisienne.

« Paris, nous dit Grimod de la Reynière, est incontestablement le lieu de l'univers (sic) où l'on fait la meilleure chère, et le seul en possession de fournir d'excellents cuisiniers à toutes les nations policées du monde. Quoique Paris par lui-même ne produise rien, car il n'y croît pas un grain de blé, il n'y naît pas un agneau, il ne s'y récolte pas un chou-fleur, c'est un centre où tout vient aboutir de tous les coins du globe parce que c'est le lieu où l'on apprécie le mieux les qualités respectives de tout ce qui sert à la nourriture de l'homme, et où l'on sait le mieux les faire tourner au profit de notre sensualité. Paris est un centre vers lequel convergent les richesses des provinces. Et le voyage même de ces richesses exhalte leurs qualités. » « L'Auvergne et la Normandie fournissent les meilleurs bœufs de France, nous dit encore Grimod de la Reynière, mais dans le lieu de leur naissance, ils ne sont pas comparables à ce qu'ils deviennent à Paris. » « Semblables à ces jeunes gens stupides, dont l'esprit ne se forme et ne se développe qu'en voyageant, ces succulentes bêtes ont besoin d'arriver dans la capitale pour acquérir le complément de leur mérite. Dans ce long trajet, leur graisse se fond, s'identifie avec leur chair, et lui donne un degré de bonté qu'elle n'aurait jamais acquis dans sa patrie. »

«Le veau est meilleur à Paris que partout ailleurs »...

Comme les cuisines étrangères, les cuisines régionales n'ont d'intérêt que pour les produits qu'elles offrent : « La plus aimable galanterie que les provinciaux puissent leur faire (aux Parisiens), est sans contredit une bourriche dont le port est acquitté. »[1]

Lorsque nous avons ouvert cet ouvrage sur un éloge de la Provence de Grimod de la Reynière, nous avons remarqué que les produits plus que la région y étaient vantés. Comme les autres régions françaises, la Provence fournit les produits de base de la création culinaire, mais celle-ci ne saurait se faire que dans la capitale.

Le succès des « Frères Provençaux » et le goût pour une cuisine à l'ail sont des exotismes qui n'affectent pas en profondeur le parisianisme

1. Grimod de la Reynière, *Almanach des Gourmands,* 1re année.

culinaire. Et notre chroniqueur gastronomique, qui en vantait tout à l'heure les mérites, n'hésite pas quelques lignes plus loin à tempérer ses ardeurs :

« On ne peut se dissimuler cependant que l'usage immodéré que l'on fait de cet assaisonnement n'ait opéré dans la cuisine une espèce de révolution. Il en a dans quelques maisons changé le système ; et le cuisinier qui par ce moyen est sûr de réveiller et d'aiguillonner les appétits blasés, néglige les grands secrets de son art, et se repose sur les effets d'un stimulant qui est à la portée du dernier marmiton comme du premier artiste. »[1]

Durant cette période post-révolutionnaire, sous l'aiguillon d'une critique gastronomique qui organise une véritable émulation et grâce au travail de quelques chefs animés par le rêve de scientifiser leurs pratiques, la grande cuisine connaît un développement extraordinaire, et se codifie dans de volumineux ouvrages.[2]

A cette même époque, se généralise l'habitude de baptiser les plats ; c'est-à-dire de les désigner à l'aide de vocables ou de formules qui, la plupart du temps, ne relèvent pas du champ sémantique culinaire : noms de lieux, de personnages, signes de classes...

Si le phénomène semble naître vers la fin du XVIIe, il ne devient systématique qu'après la Révolution.[3] C'est ainsi qu'apparaissent les « crèmes Lavallière », « consommés Royale », « garnitures Excelsior »... ou les plats dits « à la Provençale ».

Ces appellations, dont un grand nombre sont encore largement utilisées de nos jours, traduisent les mentalités de l'époque. En connotant les fastes de l'ancien régime, elles marquent un besoin d'ennoblissement ; tout aussi paradoxal que cela paraisse, les appellations de classe du type « à la

---

1. Grimod de la Reynière, *Almanche des Gourmands*, 3e année, p. 207 & 208.

2. Antonin Carême, *L'art de la cuisine française au 19e siècle*, 1833.
Antoine Beauvilliers, *L'art du cuisinier*, 1814, reprint Morcrettes.
U. Dubois, E. Bernard, *La cuisine classique*, Dentu, Paris 1856.
Jules Gouffé, *Le livre de la cuisine*, 1884, reprint Bouderin, 1980.

3. Cf J.-P. Poulain, *Sens et fonctions des appellations culinaires au 19e siècle*, in Sociétés nº 6, Masson.
Pourcentages d'appellations dans les livres de cuisine :
1691 : Massialot, *Le cuisinier Royal et Bourgeois*, 10,2 %
1774 : Menon, *La cuisinière bourgeoise*, 14,5 %
1833 : A. Carême, *L'art de la cuisine française au 19e siècle*, 68,67 %

Royale », « Régence », « à la Reine », n'ont jamais autant été utilisées. Il est de curieuses nostalgies alimentaires...

Les appellations régionales ou nationales sont elles aussi très fréquentes ; mais loin de correspondre à des pratiques culinaires locales, elles intègrent la France et le monde dans un rêve centralisateur, où l'ensemble de la planète gravite autour de son centre créateur : Paris.

C'est ainsi que tous les plats dits « à la Provençale » ne renvoient nullement à des recettes populaires de nos contrées. Tout juste se justifient-elles par la présence d'un ou plusieurs produits-symboles comme l'ail ou l'huile d'olive.

On parle même à la fin du XIXe d'une « Ecole Provençale »[1] qui regroupe Marius Morard, Apollon Caillat et Jean-Baptiste Reboul...

Cependant, même si certains ont publié des ouvrages au titre régionaliste, leur cuisine est encore très classique, très savante, et ne correspond pas du tout aux pratiques alimentaires populaires des Provençaux. Marqués par leur formation classique, ces cuisiniers éprouvent le besoin de repenser à la lumière de « L'art culinaire » les recettes régionales de leur propre pays. Ce qui fera dire fort justement à R. Jouveau : « Il y a une cuisine provençale de tradition populaire qui ne coïncide pas absolument avec les livres de cuisine provençale classiques en ce sens que ces livres ne donnent pas une idée de la façon dont mangent vraiment les Provençaux. Ils laissent de côté, et l'on comprend pourquoi, les préparations les plus simples et qui ne comportent pour ainsi dire pas de recettes. Et pourtant, à les négliger, on défigure la physionomie de la table provençale qui vaut essentiellement par sa simplicité et par sa rusticité. Mais l'une et l'autre sont géniales. Nous voulons dire par là que pour chaque produit du sol ou de la mer, la cuisine provençale a trouvé des préparations à la fois simples et originales qui étonnent par leur perfection. [2]

---

1. A. Escoffier, *Le guide culinaire*, Flammarion, p. 170.
2. R. Jouveau, *op. cit.*, p. 21.

Tout ce que la recette ne dit pas

De ces recettes, il convient de dresser l'inventaire. Cependant, contrairement à la grande cuisine classique qui est de tradition écrite, les cuisines régionales populaires se transmettent oralement et s'apprennent par imitation. A l'extrême codification des recettes classiques s'opposent les lacunes des recettes parlées ; « vides » que comble l'évidence de l'expérience des locuteurs et qui laissent la place à d'infinies variations.

On entend dire souvent : « Autant de Marseillais, autant de recettes de Bouillabaisse ».

Il faut renoncer à la recherche stérile de la « vraie recette » qui fixerait une orthodoxie culinaire. Car l'esprit gastronomique prime sur la forme : « La cuisine c'est beaucoup plus que des recettes »[1]. Et c'est cet esprit gastronomique provençal qui nous intéresse.

Ce vain projet des sectarismes régionaux stérilise l'esprit des gastronomies locales en momifiant les plats dans des recettes immuables, alors qu'au contraire les non-dits de la tradition orale avaient pour fonction d'accueillir les variations individuelles et de permettre à la cuisinière ou au cuisinier de signer son œuvre, d'en marquer l'époque ou le lieu.

De plus, écrites en l'état où la mémoire régionale nous les livre, ces recettes apparaissent souvent fades et, plus graves encore, irréalisables. Nous nous sommes alors mis au fourneau avec pour ambition de les traduire dans un langage contemporain, capable de mettre en évidence les différentes étapes techniques menant à leur réalisation.

Ces recettes essayées, testées, goûtées, nous vous les présentons ici, non comme un aboutissement mais comme le point de départ d'une redécouverte créative de la cuisine provençale.

---

1. Qu'il nous soit permis ici, puisque nous empruntons le titre de son livre, de saluer Alain Chapel : « La cuisine c'est beaucoup plus que des recettes », éd. Laffont. Les 70 premières pages, écrites en collaboration avec J.-F. Abert, sont parmi les plus fortes de la littérature gastronomique contemporaine. A déguster d'urgence, si ce n'est déjà fait !

Ci-contre : *Sur les chemins de Haute Provence.*
Pages suivantes : *Plateau de Valençole.*
Page 28 : *L'arrière-pays.*

II

Traité de géographie gourmande

La Provence est sans doute une des régions françaises les plus typées. Elle possède, diraient les hommes de marketing, une image forte. Son nom évoque « l'accent », la « galéjade », le « mistral » (ajouter et prononcer un « e » final), les vacances, la mer, les films de Pagnol qui sentent presque la garrigue, à force de tintamarre de cigales, le « pastis » sur la « Canebière », et Marius qui sur le port rêve de voyage.

Une vraie carte postale !

Mais où est-elle vraiment cette Provence ? ; où s'en situent les limites ?

La question, au premier abord, paraît presque incongrue ; mais il suffit simplement de prononcer les mots « Côte d'Azur » pour qu'elle prenne une acuité nouvelle.

D'un bref regard historique, ressortent des contours fluctuants. Vers la fin du IXe siècle, la Provence de Boson, roi d'Arles, s'étend jusqu'au Lyonnais et au Vivarais, englobant même le Dauphiné. Sous Louis l'aveugle, elle comprend même la Bourgogne. Au début du XIIIe siècle, la Provence des Comtes Catalans déborde vers le Piémont et à l'ouest du Rhône, jusqu'à Uzès, Aigues-Mortes et Nîmes.

Au-delà de ces variations historiques, il est possible de repérer ce que nous pourrions appeler le « noyau dur » provençal, le dénominateur commun des évolutions politico-géographiques alliant la « Provincia » romaine à notre régionalisation contemporaine. Opération d'autant plus aisée qu'elle s'appuie sur des limites relativement naturelles. A l'ouest le cours inférieur du Rhône ; au sud, la mer ; à l'est le Var ; au nord, les Alpes, le cours supérieur de la Durance, les monts du Vaucluse et de Lure. Ce qui correspond à quatre de nos départements actuels : le Vaucluse, les Bouches-du-Rhône, le Var et les Alpes de Haute-Provence ; sans doute pourrions-nous y ajouter la partie basse de la Drôme.

Cela pose alors le problèmee du Comté de Nice qui, entre son annexion à la Provence au Xe siècle et son rattachement définitif à la France en 1860, a connu des contrôles multiples (Angevins de France, 1246 ; Maison de Savoie, 1387) ; puis une suite d'allers et retours entre la France et l'Italie.

– Provençal ou pas ?

– Nous nous garderons bien de répondre !

Lorsque tout à l'heure, nous parlions de la Côte d'Azur, nous étions déjà dans cette dualité Nice-Marseille, Provence-Côte d'Azur.

Le rayonnement de la « Riviéra » s'attache au nom prestigieux de Nice ; de la Baie des Anges, de ces grands hotels qui bordent la Promenade des Anglais. La « Côte d'Azur », c'est le tourisme, le luxe, les palaces, les palmiers, décembre sans hiver, et la mer toujours chaude.

Ces images débordent maintenant largement sur la côte Varoise. Cannes, Saint-Raphaël, Saint-Tropez, n'est-ce pas encore la « Côte d'Azur » ?

Cette volonté de distinguer la Provence et le Comté de Nice n'a, semble-t-il, pas grand chose à voir avec le passé italien de cette dernière. Elle correspond avant tout dans l'esprit des Niçois au refus de laisser leur « ville prestigieuse » passer sous le joux d'une vulgaire métropole industrielle érigée en capitale régionale par quelques décisions parisiennes. »

Même si l'envie de dire que le danger n'est pas grand, et que le prestige touristique niçois et la force de l'image régionaliste de la Provence participent à une promotion réciproque, il ne nous appartient pas d'arbitrer le débat.

D'un point de vue strictement gastronomique, s'il existe une profonde unité culinaire entre ces deux régions, elle ne doit cependant pas cacher les particularismes de la cuisine niçoise.

Les contours géographiques posés, observons le paysage ! Et quelle surprise !

« Par la simple énumération des composantes géographiques se dissout la notion d'unité physique : pays aux mouvantes réalités, ni terre ni eau, la Camargue et, jadis, toute une frange de la terre d'Arles ; espaces désertiques de la Crau, riches plaines de Châteaurenard, de Cavaillon, et de l'Ouest du Comtat, reliefs tourmentés du Var, des Basses-Alpes, de l'Est du Comtat ; côtes déchirées des Calanques en opposition avec les sablonneuses étendues du delta rhodanien, et le sol témoignant partout de profondes différences dans sa genèse. »[1]

1. P. Rollet, *La vie quotidienne en Provence au temps de Mistral*, Hachette, p. 15-16.

D'où peut donc venir cette unité culturelle provençale ?

De sa langue ?

C'est oublier que pour les troubadours, la Provence correspond à toute la zone linguistique que l'on a appelée par la suite « le pays d'Oc », qui rassemble le Languedoc, la Gascogne, le Limousin et l'Auvergne, et une bonne partie des Alpes[1].

De sa race ?

Le mot n'est guère à la mode...

« Sur cette terre, dès la Préhistoire, une diversité de races qui se retrouve encore, puis, sur le vieux fonds ligure les apports Celtes, Grecs et Latins, la sporadique implantation des Wisigoths et des Sarrasins, puis, à l'époque moderne l'invasion pacifique des Napolitains avec la dynastie angevine, des Juifs sous l'administration tolérante du Comtat, et, plus près de nous, des Français du Nord, des Italiens, des Espagnols, des Grecs, des Arabes, bref une ruée cosmopolite qui a sensiblement dégradé l'ethnie provençale sans jamais la détruire. »[2]

Du climat ?

Certes le soleil inonde la Provence, mais là encore que de différences entre les vallées balayées par le mistral, et les plages de la côte varoise, entre les hivers niçois et ceux de Sisteron.

Mistral, dans *Calendau*, s'était déjà posé ce problème :

Car lis oundado seculàn e si tempèsoto e sis esglàri an bèn mescla li pople, escafa li corinfin, la terro maire, la Naturo, nourris toujour sa pourtaduro d'oú meme la : sa poussoduro toujour à l'oùlivie dounara l'óli fin.

Car la houle des siècles et leurs tempêtes et leurs horreurs en vain mènent les peuples, effacent les frontières, la terre maternelle, la nature, nourrit toujours ses fils du même lait : sa dure mamelle toujours à l'olivier donnera l'huile fine.

Au-delà des images pastorales, l'unité provençale émerge de ses diversités.

La multiplicité des terroirs et des productions qui en résultent développe les échanges et renforce l'impression d'autarcie régionale. La transhumance des moutons mêle les gens de la plaine et ceux de la montagne. Durant plusieurs siècles, une émigration continue amène sur

1. C. Camproux, *Histoire de la littérature occitane*, 1972, Paris.
2. P. Rollet, *op. cit.*, p. 16.

Marseille un flux de Hauts Provençaux. Les marchés des vallées forment une synthèse colorée de la vie économique et culturelle.

Plus que sur une uniformité géographique ou raciale, l'identité provençale se fonde sur une communauté de pratiques, de croyances, de valeurs, résultat d'un vaste et continu brassage... « pistage »[1] avons-nous envie de dire, tant l'image du pilon qui tourne dans le « mortier » pour unir des matières jusque-là étrangères et faire naître l'aïoli, s'impose à nous.

Du point de vue culinaire, cette diversité est bien la chance, la force, la richesse de la Provence. Et l'on peut distinguer sinon trois cuisines, au moins trois sources d'inspiration de la cuisine provençale : les produits de la mer, des plaines et de la montagne.

1. Du Provençal « pister » = écraser au pilon.

La mer

« La Provence est d'abord un merveilleux paradis pour les « ichtyophages » et « piscivores » (en français comprenez : les amateurs de fruits de mer et de poissons) dont le nombre s'accroît de jour en jour »[1], nous dit, avec le style un peu pompeux de la littérature gastronomique des années 50, Curnonsky, le « prince élu des gastronomes » !

Il est vrai que la côte provençale abritait une foule de poissons de roches, en quantité et en espèces. Nous utilisons l'imparfait car la pêche en Méditerranée traverse une crise imputable en partie à la montée de son niveau de pollution, résultant des rejets industriels, produits dans la zone de ruissellement du pourtour méditerranéen[2]. Il est des vérités que l'on ne gagne pas à cacher.

Gastronomes de tous les pays, vous qui passez vos vacances au soleil de la Méditerranée, prenez bien conscience que la disparition d'une seule espèce de poisson est une véritable atteinte à votre « bonheur individuel », et méditez le second aphorisme de Brillat Savarin :

« La découverte d'un mets nouveau fait plus pour le bonheur du genre humain que la découverte d'une étoile »[3].

Marius Morard recense, dans son *Résumé pratique d'histoire naturelle sur les diverses espèces de poissons*, plus de quarante-cinq espèces et pas moins de six techniques de pêche.

Voici les principaux poissons « en langue provençale » avec leur correspondance en langue française.

L'Anguièlo	L'Anguille.
L'Aragno	La Vive ou Dragon de Mer.
L'Anchoio	L'Anchois.
La Bavarello	Genre de Gymnote, couleur foncée et gluante.
Lou Booudroi	La Baudroie.

1. Curnonsky, in *Recettes et paysages (Sud et Méditerranée)*, Publication Française 1951, p. 25.

2. Même s'il reste encore du poisson de Méditerranée, une partie de poisson consommé sur la « côte » durant l'été vient directement des ports de l'Atlantique.

3. Brillat Savarin, *La physiologie du goût*, Hermann, p. 37.

La Bogo	Poisson plus petit que le maquereau ; il est grisâtre.
Lou Capelan	Le Capelan, poisson blanc pour friture.
Lou Carambô	La Crevette.
La Carnasso	Genre de Raie, mais plus grand.
La Clavelado	La Raie.
La Courentillo	Petit Crabe rouge velu.
L'Esquinado	Gros Crabe rouge violacé.
La Favouillo	Crabe couleur vert foncé, ordinaire.
Lou Faufre	Genre de Maquereau, plus gros, venant de l'Océan.
Lou Fiélas	Le Congre, *Anguille de Mer.*
Lou Fio-Pelan	Gros Crabe noir de roche, velu.
Lou Gari	Petit poisson allongé, genre de Gymnote.
La Galinetto	La Gallinette, genre de Trigle, son corps est arrondi.
La Girèlo	La Girelle, poisson de friture.
Lou Gobi	Le Moulet, surnommé *Goujon de Mer.*
Lou Gournaou	Le Grondin ou le Grondeur.
Lou Jarret	Petit poisson pour friture.
Lou pei dé roco	Poisson de roche en général.
La Lingousto	La Langouste.
Lou Loup	Le Loup.
L'Oourado	La Dorade.
L'Ouruou	Le Maquereau.
L'Ooussin	L'Oursin.
Lei Lucresso	Genre de demoiselle d'un vert foncé.
La Mourèno	La Murêne.
Lei Moustello	Le Gymnote (genre de)
La Rascasso	La Rascasse.
Lou Roun	Le Carrelet - Barbue - Turbot.
Lou Pataclé	Poisson très plat et petit pour la soupe.
Lou Pétairé	Genre de Gallinette, mais beaucoup plus petit.
Lou Pei d'argent	L'Eperlan.

Lou Mujou	Le Muge ou Mulet.
Lou Sard	Le Sard, plus large que la Dorade, mais moins allongé.
Lou San-Piare	Le Saint-Pierre.
Lou Rougié	Le Rouget.
Lou Siouclet	Petit poisson pour friture.
Lou Pei-Fielan	Genre de Sard noir, très sauvage.
Lou Thoun	Le Thon.
Lou Marlus	Le Merlan.
Lou Sevéreou	Poisson de forme Maquereau avec une arête sur la longueur du corps.

Partant de matériaux aussi riches, l'imagination culinaire provençale va multiplier les recettes (vous en trouverez des traditionnelles et des plus modernes dans les chapîtres qui suivent).

S'il en est une qui a fait le tour du monde et qui est l'honneur en même temps que l'emblème de la gastronomie provençale, c'est bien sûr la Bouillabaisse. Symbole de sa richesse, de sa diversité, de son aptitude à intégrer, dans une harmonie d'ensemble, un grand nombre d'ingrédients. Symbole aussi du tempérament fougueux des Marseillais : qui donne une recette de bouillabaisse s'expose au danger de la contradiction, pire encore, de l'anathème avant que la discussion ne se transforme en véritable guerre de religion. Car la bouillabaisse est à Marseille un sujet quasi mystique qui pose de réels schismes dans la société gourmande. Aussi allons-nous adopter, pour traiter ce sujet de « métacuisine », le ton de l'exégèse.

Exposons tout d'abord le fond commun sur lequel le consensus s'opère. La bouillabaisse est une soupe de poisson safranée, au bouillon concentré qui se mange avec des tranches de pain – plus exactement de marettes qui sont des baguettes marseillaises –, de la rouille – sauce montée au pilon, composée d'ail, de piment, de jaunes d'œuf et d'huile d'olive –. Le service du poisson se fait à part.

Présentons maintenant les divergences.

L'origine

Trois thèses s'affrontent.

Les amoureux du paganisme attribuent l'invention de cette soupe à Vénus : « le safran, à cette époque, était réputé pour son pouvoir soporifique ; aussi la déesse des amours imagina-t-elle de faire un jour cette soupe pour en régaler son époux Vulcain »[1], espérant mettre à profit le sommeil de son mari pour caresser d'autres projets...

Ainsi, à la fin du XIXᵉ, un poète marseillais écrit un « poème à la gloire de Vénus, qui, par supercherie, nous gratifia de la bouillabaisse »... se terminant sur ces vers :

... ainsi naquit la bouillabaisse
et le jaune en resta la couleur des maris.

Les fidèles de la tradition chrétienne se séparent en deux clans :

le premier, dont Curnonsky se fait rapporteur, attribue à la bouillabaisse une origine divine : « des anges l'auraient apportée du ciel aux saintes femmes jetées sur les côtes méditerranéennes par un terrible naufrage »[2] ; le second, regroupé derrière le poète marseillais Mery, prétend que :

Pour le vendredi maigre,
un jour, certaine abbesse
D'un couvent marseillais,
créa la bouille à baisse.

Les chantres de la vie paysanne en font un plat traditionnel des populations de pêcheurs, dont les origines remonteraient aux Grecs. Elle

---

1. A. Caillat, *Nos aînés et la bouillabaisse*, Archives du Musée de l'art culinaire, fondation Escoffier, Villeneuve Loubet.
2. Curnonsky, *op. cit.*

serait « la façon habituelle des pêcheurs en mer de cuire une partie du produit de leur pêche à l'heure du repas » ; ce qui explique d'après R. Jouveau, que « le bouillon doit être assez épais » car « sur les bateaux de pêche, les tranches étaient disposées et trempées à même le pont. Il n'y avait de bouillon que ce qu'il fallait pour les mouiller sans que le pont en soit le moins sali. »[1]

D'autres, moins lyriques, en font une soupe préparée par les pêcheurs avec les restes de leur ventes.

Enfin, A. Caillat, dans une note intitulée « nos aînés et la bouillabaisse », indique sans doute par respect de la « galéjade » une hypothétique origine... bordelaise... !

Le sexe

Il ne s'agit nullement ici de quelque perversion freudienne, mais de la question quasi religieuse jamais résolue du sexe des anges. La bouillabaisse a-t-elle un sexe ?

Comprenez : le mets est-il féminin ou masculin ?

La controverse naquit dans les années 10 entre J. Belleudy, alors trésorier payeur général de l'Eure, Marseillais d'origine, et historien provençal, et J. T. Charles-Roux, député, président de la Compagnie Générale Transatlantique, de la Marseillaise de Crédit et de quelques dix-huit autres sociétés...

Le premier, dans un article à l'éloge de la gastronomie provençale, paru dans « le petit Marseillais », se lance dans une étude savante de *la* bouillabaisse.

Le second, trouvant l'article « singulier », démontra dans une réponse argumentée, qu'en Provençal « Lou Bouillabaisso » est un masculin.

La raison était du côté de J. T. Charles-Roux ; quoi qu'il en soit, le Provençal contemporain a adopté le féminin !...

La composition

Il faut tout d'abord un assortiment aussi large que possible de poissons de roches. J. B. Reboul précise même « qu'il est bon de la prévoir

1. R. Jouveau, *op. cit.*, p. 53 & 55.

volumineuse (la bouillabaisse) pour y faire entrer le plus d'espèces possibles ».[1]

Sur ce point, tout le monde est à peu près d'accord, bien que M. Brun considère que, si l'on recherche la perfection, la rascasse doit être seule.

En ce qui concerne les éléments aromatiques, peu de conflit : oignons, ail, tomate, thym, laurier, persil, fenouil, safran, poivre de cayenne. D'aucuns y rajoutent des écorces d'orange (Reboul), une goutte de Pastis (Brun).

L'adjonction de pommes de terre (en tous cas assez récente) semble marquer les lieux ; on la pratique à Martigues et Toulon ; pas à Marseille.

Le véritable problème, le mot est bien trop faible, le véritable « schisme », se pose au sujet de la langouste. Séparation, rupture du corps social gastronomique en deux clans à ce point opposés que les signataires de la « charte de bouillabaisse », animés pourtant d'un bel esprit œcuménique, ont décidé de ne pas trancher l'affaire, et de rendre l'usage de la langouste facultatif.

Présentons le conflit :

Tout d'abord les partisans : ils ont pour nom Reboul, Morard, Caillat. En face, les détracteurs : tous rangés derrière la figure charismatique de Maurice Brun, émergeant parmi eux le traditionaliste R. Jouveau.

La thèse des opposants se résume en deux points :

le respect de l'esprit de la bouillabaisse : à l'origine, elle est un plat populaire et ne saurait donc contenir de langouste ni de homard. Cette adjonction ne serait qu'une invention des « cuisiniers de restaurants » soucieux (mentalités du XIXe) d'ennoblir un plat populaire et peut-être aussi de « pousser un peu l'addition ».

des raisons culinaires : Maurice Brun, dans son « Gourmandugi », explique : «Ce crustacé n'est pas fait pour nos soupes, et sa présence dans celle-ci est regrettable pour lui, qui mérite mieux et n'est pas profitable pour elle. En effet, le temps de cuisson d'une langouste ou d'un homard est plus long que celui d'un délicat poisson de roche ; il s'ensuit donc, si l'on fait comme il se doit, le départ à froid, que le crustacé sera cru quand la rascasse sera cuite ; ou celle-ci sera en bouillie quand celui-ci sera cuit. »

L'argumentation semble sans appel. Au demeurant, rassurons ceux à qui l'on aurait servi une bouillabaisse à la langouste, Reboul, Morard, Caillat et tous leurs disciples marseillais savent régler la cuisson d'une

1. J.-B. Reboul, *La cuisine provençale*, Tacussel, p. 80.

bouillabaisse « classique » (au sens de la cuisine de restaurant du XIXe), en commençant par les poissons les plus longs à cuire, et en ajoutant peu à peu ceux qui demandent un temps de cuisson plus réduit.

Les arguments de Maurice Brun s'éclairent d'un jour nouveau lorsque l'on étudie la quatrième pomme de discorde.

Le mode de cuisson

Deux grandes solutions semblent acceptées par la majorité :

soit faire revenir les légumes et le poisson puis mouiller et cuire ;

soit préparer un bouillon (fumet) avec les têtes de poissons, puis se servir de ce fumet pour mouiller la bouillabaisse.

Sur ce point, la querelle n'est pas vive, et l'on admet volontiers[1] que la seconde serait la méthode traditionnelle des pêcheurs, et la première une pratique plus « restaurant ».

Le problème le plus aigu se pose au sujet du rythme de l'ébullition : un grand nombre d'auteurs recommandent de faire bouillir vivement la bouillabaisse. « Observez surtout, nous dit J. B. Reboul, que la cuisson s'effectue vivement, c'est un des points essentiels ; par ce fait, l'amalgame de l'huile avec le bouillon a lieu, et donne un jus parfaitement lié ; autrement, elle se séparerait du liquide et surnagerait à la surface ; ce qui serait peu appétissant. »[2]

Cette explication, assez largement reprise, y compris par R. Jouveau[3], semble à d'autres, Maurice Brun en tête, une pseudo-explication culinaire. Pour eux, la nécessité d'une ébullition rapide viendrait, en fait, de la présence des crustacés que l'on doit cuire à l'eau bouillante. Alors qu'une bouillabaisse qui respecte le poisson et le bouillon devrait démarrer à froid, pour faciliter l'échange de saveurs entre les éléments aromatiques, le bouillon et le poisson (osmose), et donc cuire juste à frémissement. Le poisson cuit, on le retire, et une bonne ébullition permet ensuite de lier le bouillon sans dommage.

L'étymologie provençale est invoquée par les deux parties.

Les « non ébullitionnistes » se rangent derrière Mistral[4] : « Boui-

---

1. Cf Morard, *op. cit.*, p. 48 & 49.
2. J.-B. Reboul, *op. cit.*, p. 81.
3. R. Jouveau, *op. cit.*, p. 55.
4. M. Brun, *Groumandugi* : « L'ébullition doit être lente afin que l'aliment écaillé ne se désagrège pas sous l'effet du bouillonnement, et le départ à froid s'impose pour transporter, par solution, dans le bouillon les sucs parfumés du poisson » p. 183.

Abaisso », indique-t-il dans « le trésor du Félibrige » :
Boui = la marmite bout ;
Abaisso = abaisse-la ;
et Mistral d'ajouter : « parce qu'il ne faut qu'un bouillon pour cuire ce mets ».

Mais les « ébullitionnistes » tirent l'étymologie, et traduisent :
Boui = la marmite bout ;
Abaisso = abaisse le niveau d'un liquide par une ébullition rapide.

La position de R. Jouveau est à ce sujet quelque peu ambigüe ; provençaliste rigoureux, il se place derrière Mistral :

« *Boui abaisso* c'est-à-dire, écrit-il, quand la marmite bout, baisse le feu » ; mais il ajoute (de façon plutôt contradictoire) : « la bouillabaisse devant cuire très vite à feu ardent »[1], reprenant quelques lignes plus bas l'argumentation de Reboul...

Les problèmes de cette passionnante problématique gastronomique posés, nous vous invitons à vous lancer – avec la rigueur la plus scientifique qui soit – dans une passionnante expérimentation. Nous vous en proposons en trois recettes différentes... Maintenant à vos fourneaux, et bonne dégustation !

Et sans doute comprendrez-vous « en savourant cette soupe d'or » combien, sous cette apparente variété, la bouillabaisse et la Provence elle-même possèdent une profonde unité.

---

1. R. Jouveau, *op. cit.*, p. 53.

Si des dizaines d'espèces de poissons croissent dans les eaux provençales, il en est une, qui bien que venant des mers lointaines de Terre Neuve, a trouvé au pays du soleil son apprêt le plus populaire. Nous voulons bien sûr parler de la morue et de la fameuse « brandade », dont Jules Belleudy dit qu'elle est « une manière d'accomoder la morue à l'huile, de telle sorte qu'elle devienne un régal pour ceux qui détestent l'huile et la morue, autant que pour ceux qui les aiment ».

Par quel mystère cette « merluche » – comme on l'appelle au XVIIIe –[1] originaire des eaux nordiques, est-elle venue finir sa carrière dans les casseroles provençales, au point d'en être devenue un des piliers de la gastronomie régionale.

Les contraintres du marché économique ont parfois d'heureuses conséquences gastronomiques !

Les morutiers devaient s'approvisionner en sel dans les marais salants provençaux, et pour ne pas faire le voyage à vide descendaient chargés de morue. Ainsi s'établit une relation commerciale privilégiée entre la Normandie et la Provence.

A la Renaissance : « Le port de Marseille diffusait la morue de Terre Neuve, dont elle était le grand entrepôt méditerranéen, dans un arrière-pays de plus en plus étendu : Dauphiné, Vivarais, Lyonnais, Aveyronnais », nous dit G. Rambert[2].

L'origine de la brandade est étudiée par Grimod de la Reynière, et même si la recette qu'il nous donne est assez approximative[3], nous ne résistons pas au plaisir de vous laisser savourer sa prose :

« Nous remarquerons d'abord que le nom singulier de Brandade donné à cette préparation, et qu'aucun dictionnaire n'a pris le soin de recueillir ni de définir, dérive sans doute du vieux verbe français Brandir, qui signifie remuer, agiter, secouer avec force et pendant longtemps ; et cette action presque continue est en effet indispensable pour que ce ragoût soit ce qu'il doit être : c'est ce qui surtout en rend la facture difficile, et ce qui l'empêchera probablement d'être adopté dans nos cuisines ; car tout ce qui exige beaucoup de patience n'est pas du goût des cuisiniers. Le mouvement qu'on imprime à la casserole dans cette circonstance, est un mouvement d'un genre particulier ; il exige une sorte d'étude, et demande beaucoup de dextérité. Quoi qu'il en soit, voici la recette des Brandades.

---

1. En fait, du cabillaud salé.
2. G. Rambert, *Le delta du Rhône de Colbert à la Renaissance,* revue Delta no 2.
3. Nous en donnons une plus précise en page 122. Grimod de la Reynière, *L'Almanach des Gourmands,* 3e année.

Ci-contre : *Soupe de poisson*
Pages suivantes : *Marseille, le vieux port,*
(à droite) *Bouillabaisse.*

Il faut prendre un morceau de belle merluche, et la faire tremper dans l'eau pendant vingt-quatre heures, pour la dessaler et la ramollir.

Ensuite, vous la mettez dans un pot sur le feu avec de l'eau, en observant qu'il faut la retirer dès que l'eau commence à bouillir.

Vous mettez du beurre, de l'huile, du persil et de l'ail dans une casserole, que vous faites fondre sur un feu doux

Pendant ce temps vous épluchez la merluche, que vous cassez par petits morceaux ; puis vous la mettez dans la casserole, et de temps en temps vous ajouterez de l'huile, du beurre ou du lait, quand vous voyez qu'elle épaissit.

Vous remuez très longtemps la casserole sur le fourneau ce qui fait que la merluche se réduit en une espèce de crème.

Si vous la voulez verte, vous pilez des épinards que vous substituez au persil.

Cette recette est comme l'on voit fort simple ; mais nous ne cesserons de la répéter, la perfection des Brandades dépend surtout du mouvement imprimé pendant très longtemps à la casserole, et qui seul opère l'extrême division de toutes les parties de ce poisson naturellement coriace, et la métamorphose en un espèce de crème. Il ne faut donc point se lasser de remuer, autrement vous n'auriez qu'une Béchamel au lieu d'une Brandade.

Au reste, une Brandade bien faite est un ragoût délicieux ; et quoique la merluche soit de sa nature fort indigeste, elle acquiert sous cette forme une onctuosité, une tendreté, enfin une telle division dans toutes ses parties, qu'elle devient très facile à digérer ».

Bécasse, perdrix rouge et truffes de Haute Provence.

Les plaines

Les plaines provençales de l'Argens, du Var, de Luc, de la Durance... arrosées de soleil, abritent, derrière de frêles haies de roseaux qui se jouent du mistral, une multitude de fruits et de légumes. S'il est un paradis terrestre pour les végétariens, c'est en Provence qu'il se cache ; fève, courgette, aubergine, tomate, haricot, blette, concombre, artichaut, ail, fenouil, romarin, thym, marjolaine, genévrier, basilic, laurier, menthe, sariette, sauge, ciboulette, estragon, cerfeuil... autant de produits de base ou d'éléments aromatiques qui typent une cuisine.

Toutes les populations paysannes ont leur soupe ; le Béarn : la garbure ; l'Auvergne : la soupe aux choux ; le Limousin : la bréjaude. Fréquemment plat unique, leur composition varie au rythme des saisons, et suivant les productions du jardin.

« La soupe au pistou » provençale, véritable synthèse des légumes régionaux, est plutôt un plat d'été. Le pistou n'est pas comme on le croit très souvent le basilic. Le nom de cette soupe vient de « pister » en Provençal qui veut dire écraser au pilon et renvoie à cette préparation terminale de la soupe qui consiste à écraser ensemble ail, basilic, huile d'olive et parmesan, avant de rajouter cette pâte au potage juste au moment de servir.

Il est également intéressant de noter l'importance de la culture des pois chiches. Témoins de l'occupation sarrazine, les « cèzes » sont largement utilisées en cuisine provençale. En potage tout d'abord ; en salade : témoin cette recette assez personnelle d'Austin de Croze :

> «Cèzes, pois pointus, pois chiches, ce sont les garbanzos ibériques adoptés et bonifiés par le Roussillon, le Languedoc et la Provence à peu près complètement ignorés de toutes les autres provinces de France.
>
> « Mais attention ! car les pois chiches ne sont un régal que s'ils ont bien cuits, sinon ils ne peuvent servir qu'aux chasseurs et aux mauvais restaurateurs, – pour économiser la grenaille de plomb à l'heure du coup de fusil.
>
> « Dès la veille et pour vingt-quatre heures pas moins, mettez à « tremper » dans de l'eau salée, tout juste tiède, un kilogramme de pois chiches triés que vous avez légèrement pourdrerisés d'une ou deux cuillerées de farine.
>
> « Le lendemain, faites bouillir trois litres d'eau dans laquelle vous aurez mis soit une pincée de potasse, soit une petite cuillerée de bicarbonate de soude ou de sel de Vichy et lorsque cette eau est froide, mettez-y les pois chiches bien lavés, salez et faites cuire doucement pendant une heure ;

ajoutez autant d'eau bouillante, poivrez légèrement, salez si nécessaire, mettez un petit brin de fenouil et laissez cuire jusqu'à ce que les pois soient bien tendres.

« Egouttez les pois chiches, enlevez les peaux et laissez-les au chaud. Ils pourront alors vous constituer soit un hors-d'œuvre, soit l'un ou l'autre de ces quatre plats : une soupe à l'huile qui est un régal, une garniture parfaite pour le pot-au-feu ou l'aïoli, une purée et, enfin, cette belle salade.

« Frottez d'ail le saladier, puis mélangez bien à sec du gros sel marin bien écrasé, dix grains de poivre et cinq de genièvre moulus très fin, joignez-y un oignon moyen haché menu, une petite cuillerée de moutarde, des fines herbes concassées et un œuf mollet ; ajoutez alors, goutte à goutte la belle huile d'olive fruitée en tournant sans arrêt jusqu'à ce que vous obteniez une sorte de mayonnaise que vous achevez par un jus de citron (demi-citron) avant de l'enlever du saladier pour la réserver sur une assiette que vous tenez au frais...

... Dans le saladier, mettez, tout en « rinçant » les parois, une cuillerée de bon vinaigre de vin... et quatre d'huile d'olive, encore un peu de sel et de poivre, une bonne cuillerée à soupe de débris de thon mariné... ». « Bien mélanger et y baigner coupés en petites rondelles assez minces, huit ou dix poivrons verts bien frais et une petite betterave bien cuite (sous la cendre si possible), plus un oignon finement émincé, ajoutez alors les pois chiches tout tièdes, râpez au-dessus la valeur d'une pleine cuillerée à bouche de poutargue de Martigues (sorte de caviar sec d'un blond roussâtre, fait d'œufs de mulets, importé depuis plus de deux mille ans en Provence par les Grecs qui la tenaient des Crétois, lesquels en usent toujours depuis avant le roi Minos), mélangez bien, mais très doucement afin de ne pas réduire les pois chiches en purée.

« Râpez un peu de noix muscade et semez de l'estragon émincé ainsi qu'un peu, très peu, de persil hâché. Disposez en couronne des feuilles blanches et à peine vertes de laitue ou d'escarolle – ponctuées, si l'on est en été ou en automne, de quelques fleurs de capucines – et sur ces feuilles, faites courir une mince guirlande de filets d'anchois étoilée de belles olives noires alternant, perles noires et perles blanches, avec de petites rondelles prises dans des blancs d'œufs durs. Au centre (que vous avez eu soin de recouvrir avec les feuilles plus larges des laitues ; vous n'employez pas les feuilles vertes) posez la mayonnaise dorée et achevez ce chef-d'œuvre par la pluie de soleil – ou de mimosa) que feront deux jaunes d'œufs bien égrénés sur toute la surface de ce mets qui est en somme, du moins l'ai-je rêvé, une synthèse méditerranéenne dont les saveurs évocatrices font plus encore que de réjouir intensément les papilles et les yeux. »[1]

1. Austin de Croze, *La psychologie de la table*, Paris, Au Sans Pareil, 1928.

Et sous forme de farine, ils servent de base à la préparation de galettes dont le nom change suivant les zones géographiques, et qui se mangent soit salées, soit sucrées ; elles se nomment les panisses à Marseille ; les cado à Toulon ; la socca à Nice.

On distingue quelques petites particularités : à Marseille, elles sont sautées à la poêle ; à Toulon et Nice, finies au four sur plaque huilée. Ces recettes nous rappellent la place qu'ont tenue, durant des siècles, les bouillies de céréales[2] et de légumineuses dans l'alimentation paysanne.

La cuisine provençale doit beaucoup à un ustensile de terre plat et peu profond qui se nomme de « tian »[3]. Car le tian n'est pas une recette, mais une catégorie de recettes : des plats, on peut presque dire des gratins de légumes cuits dans un « tian ».

Dans un premier temps, on fait « tomber » un ou des légume(s) coupé(s) à l'huile d'olive, à la poêle, puis on met au four dans le tian après avoir ajouté de l'œuf, de la mie de pain, du fromage...

Parfois, le tian devient un véritable plat complet, comme dans cet exemple que donne Mistral :

« Le tian de Carpentras est une barbouillade d'herbes, comme poirée, épinards, persil ou pourpier, cuite avec de la morue ou autre poisson, assaisonnée avec de l'ail, du sel, du poivre et liée avec des œufs, du fromage, du lait et surtout de l'huile. Avec quelques œufs durs, coupés par tranches blanches, on y fait au-dessus des mosaïques, des arabesques et on y gratte enfin des miettes de pain. Quand ça sort du four, c'est blondet comme de l'or ; pour en manger vous vous feriez rat. »

Le mode de cuisson des légumes que constitue le tian (cuisson à l'huile dans un premier temps, et à l'étouffée ensuite) est une des caractéristiques de la cuisine provençale.

Il a permis l'intégration de deux légumes essentiels auxquels il convient à merveille : la tomate et l'aubergine. La première, nous le savons, est originaire du Nouveau Monde ; la seconde n'est pas une plante autochtone : elle vient d'Asie. Et quel beau mélange, quel beau « ragoût » que cette ratatouille provençale et quel bel exemple d'intégration de produits d'origines diverses !

Les plaines provençales ont aussi une importante vocation fruitière. La Provence fut longtemps le pays des oranges et des citrons. Amandiers,

2. J.-P. Poulain, *Le Limousin gourmand*, Privat, 1984. Voir dans cette région l'importance des recettes à base de céréales.

3. Appelé aussi « gavette » ou « grasal ».

cerisiers, pruniers, figuiers, pêchers, abricotiers, cognassiers complètent cette production.

Voici la recette de gelée de coings d'un Provençal célèbre, « Nostradamus », qui était « docteur en médecine de la ville de Salon de Craux en Provence » :

> « POUR FAIRE GELÉE DE COINGS D'UNE SOUVERAINE BEAUTÉ, SAVEUR ET EXCELLENCE, PROPRE POUR PRÉSENTER DEVANT UN ROI, ET QUI SE GARDE BONNE LONGUEMENT.
>
> « Prenez des coings, bien mûrs et jaunes, et mettez-les en quartiers sans les peler. Ceux qui les pèlent ne savent pas pourquoi ils le font, car l'écorce augmente l'odeur. De chaque coing, vous ferez cinq ou six morceaux, et vous ôterez les pépins, car ils gèleront bien sans cela. Quand vous les couperez, mettez-les dans une bassine pleine d'eau, car ils deviendraient noirs s'ils ne trempaient dans l'eau.
>
> « Puis vous les ferez bouillir dans une grande quantité d'eau, jusqu'à ce qu'ils se défassent presque.
>
> « Quand ils seront bien cuits, vous coulerez cette eau au travers d'un linge neuf, bien épais, et vous exprimerez fort toute la décoction. Puis vous prendrez cette décoction : s'il y a six livres de décoction, vous prendrez une livre et demie de sucre de Madère, le mettrez dans la décoction et le ferez bouillir à feu moyen, jusqu'à ce qu'il se consume beaucoup.
>
> « Alors, vous lui ferez un petit feu, pour qu'il ne brûle pas et ne cause mauvaise couleur à la gelée. Quand elle sera presque cuite, pour connaître sa parfaite cuisson vous en prendrez un peu avec une spatule ou une cuillère d'argent, la mettrez sur un marbre. Si vous voyez, quand elle est froide, que la goutte s'ôte toute ronde sans coller, alors elle est cuite, et vous l'ôterez du feu. Vous attendrez que l'écume du dessus soit retirée, puis vous mettrez la gelée toute chaude dans des pots de bois ou de verre.
>
> « Si vous voulez écrire quelque chose, ou tailler au fond du pot, vous pourrez le faire, car il se verra facilement : la couleur sera si diaphane qu'elle ressemblera à un rubis oriental. Elle sera de couleur excellente et de saveur encore plus, et on pourra en donner aux malades et à ceux qui sont sains. »[1]

Il convient de faire une place à part au melon dont Cavaillon est la capitale incontestée. Nous avons retrouvé une lettre d'Alexandre Dumas à un conseiller municipal de Cavaillon qui témoigne de l'intérêt que l'auteur du Dictionnaire de cuisine portait au Cantaloups.

---

1. Nostradamus, *Des confitures*, Olivier Orban, p. 81-82.

LETTRE D'ALEXANDRE DUMAS A UN CONSEILLER MUNICIPAL DE CAVAILLON

Monsieur,

Aussitôt votre lettre reçue, je me suis empressé de m'entendre avec mon libraire, M. Michel Lévy, pour qu'il vous envoyât les deux ou trois cents volumes déjà parus de mes ouvrages et qu'au fur et à mesure qu'ils paraitront il vous fit passer les autres, trop heureux de répondre au grand honneur que vous me faites.

Mais ayez la bonté de dire à M. Tourel, votre aimable maire, que je mets à cet envoi une condition.

Si la ville et les autorités de Cavaillon estiment mes livres, j'aime fort leurs melons, et je désire qu'en échange de mes trois ou quatre cents volumes il me soit constitué, par arrêté municipal, une rente viagère de douze melons par an ; les frais d'envoi demeurant, bien entendu, à ma charge.

Veuillez agréer, Monsieur, et faire agréer à votre aimable maire, l'assurance de mes sentiments les plus distingués.

Alexandre DUMAS.

Les montagnes

La Provence compte de nombreux massifs : les Maures, l'Esterel, la Sainte Baume, les Alpilles, le Luberon, les Monts du Vaucluse, la montagne de Lure, le plateau de Valensole et le versant Sud des Alpes qui tombe sur la Riviéra. La profonde variété géologique est quelque peu gommée par une relative unité de couverture : pins maritimes, chênes verts et chênes lièges, genévriers, romarins, thyms, arbousiers, lavandes sauvages...

Cette garrigue, qui parfois se densifie en maquis, abrite le gibier provençal. Une multitude d'oiseaux (un des surnoms des Provençaux n'est-il pas : mangeurs d'oiseaux ?) : perdreaux, perdrix rouges (introduites de Sicile par le roi René), bécasses, palombes, pluviers, grives, cailles, becfigues, alouettes, culblancs ; mais aussi quelques gibiers de poils : lièvres et lapins surtout...

En automne, poussent de nombreux champignons : des « pignen », des cèpes safranés, des bolets, mais aussi... des truffes. Oui, la truffe provençale n'est pas un mythe. La production est même importante dans le Luberon et les Monts du Vaucluse.

« La moitié des truffes vendues en France sont simplement allées se faire naturalisées à Cahors », nous dit M. Gruenais-Venverts [1].

Ceci explique l'importance de la truffe, tant dans la cuisine provençale de restaurant du XIXeme que dans les recettes populaires, et cette curieuse association de « brandade de morue aux truffes », absolument délicieuse – à redécouvrir ! –.

Brillat Savarin, sensible à la réputation des truffes provençales, écrit, dans *La physiologie du goût* [1] : « Qui n'a pas senti sa bouche se mouiller en entandant parler de truffes à la Provençale ? ».

> En voici la recette établie par Durand : « RAGOUT DE TRUFFES. Mettez dans une casserole de la bonne huile, un ail, une demi-feuille de laurier piqués ensemble au moyen d'un clou de girofle, un peu d'anchois, une échalote et un peu de persil, le tout bien haché ; joignez-y des truffes pelées, lavées et coupées en tranches ; vous les passerez deux minutes sur le feu, après quoi vous les assaisonnerez avec du sel, une pincée de poivre et un verre de vin blanc sec ou du vin rouge ; vous les laisserez cuire jusqu'à ce que le vin soit la presque entière réduction ; vous mouillerez alors de nouveau avec un peu d'espagnole [2], ou de jus, ou de bouillon, et laisserez bouillir deux minutes à petit feu ; vous verserez ensuite le ragoût sur une croûte de pain enduite de beurre et séchée au four ou sur un gril ; n'oubliez pas d'en enlever l'ail ; vous pouvez entourer le plat de croûtons frits au beurre » [3].

---

1. Gruenais-Venverts, *La cuisine de Provence et du Luberon*, Denoël, 1982.
2. Brillat Savarin, *La physiologie du goût*, Champs Flammarion, p. 101.
3. Espagnole = fonds brun lié.
4. *Le cuisinier Durand*, édition de Nîmes, 1837, reprint Laffite, 1980.

L'olive, les oliviers

Comment parler de la Provence sans traiter de l'arbre qui la symbolise : l'oliver. Son fruit offre la nourriture la plus simple et l'huile qui parfume toute notre cuisine. Plus que tout autre, ce symbole de paix chanté par Mistral dans sa dernière récolte poétique, « Lis Olivado » – l'Olivade est aussi, ne l'oublions pas, le dernier labeur du cycle paysan – a fait naître des coutumes ancrées au cœur de la culture provençale.

Lou tèms que se refrejo e la mar que salivo,
Tout me dis que l'ivèr es arriba pèr iéu
E que fau, lèu e lèu, acampa mis óulivo
E n'óufri l'òli vierge à l'autar dóu bon Diéu.

Le temps qui se refroidit et la mer qui déferle,
Tout me dit que l'hiver est arrivé pour moi
Et qu'il faut, vite, vite, récolter mes olives
Et offrir l'huile vierge à la mère du bon Dieu.

Frédéric Mistral

Cet arbre, rustique s'il en est, auquel le climat méditerranéen convient parfaitement, existait des siècles avant notre ère. Les Grecs nous apprirent à le cultiver et les nombreuses traces dont nous disposons – textes, vestiges d'huileries, cargaisons d'amphores retrouvéees intactes – attestent de l'importance économique de cette production dont Cicéron rappelle qu'elle était protégée, en Italie, par un décret interdisant toute nouvelle plantation d'olivier en Gaule.

L'olivier est pour le paysan provençal un élément d'une très ancienne polyculture. Les champs sont « complantés » : les traités d'agronomie provençale décrivent ce mélange de cultures sous la forme des « oullières », bandes de terrain d'inégales largeurs, plantées de céréales encadrées par plusieurs rangs de vigne intercalés d'oliviers ou parfois d'autres arbres fruitiers. De nos jours, ces paysages ont disparu, seules quelques « restanques » nous rappellent ce mode de plantation.

Parmi les nombreuses coutumes qui se rattachent à l'olivier, celle de sa plantation mérite d'être évoquée : elle doit être accomplie par une jeune fille vierge. Pour que l'arbre prospère, on assure sa protection en plaçant en son sommet, le dimanche de Pâques, des rameaux bénits, ou en offrant

à plusieurs Saints protecteurs : Saint-Grat, Saint-Pancrace, Saint-Marc, Saint-Sébastien, selon les lieux, les prémices de la récolte.

C'est vers le mois de novembre que débute la récolte des olives ; tâche dévolue aux femmes, aidées parfois des enfants. Plusieurs techniques ont été utilisées, mais la plus classique, le ramassage à la main, est encore la plus répandue, car c'est elle qui préserve le mieux le fruit. Malgré le froid, le travail s'accomplit dans la bonne humeur, on chante la « cansoun d'où livarello » et si quelqu'un vient à passer sans offrir son aide, son visage est barbouillé avec les olives les plus mûres.

Après les travaux, les cueilleurs dansent « les olivettes » et la récolte finie, le maître du champ offre un aïoli à son équipe. De l'oliveraie, nous allons au moulin.

Longtemps, la Provence a connu le système de la « banalité ». Le Seigneur a un monopole, le moulin lui appartient, il l'entretient, et le fait fonctionner. Les paysans sont obligés de l'utiliser et donnent, en contrepartie, 1/10 de l'huile et laissent le marc. Plus tard, les communes rachetèrent la « banalité », tandis que se créaient des moulins privés.

La situation a évolué depuis 1903 , par la création des coopératives.

Au moulin, l'ambiance est joyeuse, tandis que les uns triturent les olives, les autres se chargent de l'animation. De temps en temps, on arrête pour prendre la « collation ». Quoi de meilleur qu'une tranche de pain imbibé d'huile, sur laquelle on écrase des anchois avant de la rôtir ; ce qui s'appelle la « roustido d'óu moulin ».

Les produits de l'olivier sont multiples. Leurs usages aussi qui s'étendent bien au-delà des apprêts culinaires. Ainsi, dans les cérémonies religieuses, l'huile d'olive sert à l'onction des morts, chez Homère, elle est, par la suite, un des composants du Saint-Chrême. Onguent des athlètes, elle est aussi employée du Moyen-Age jusqu'au début du XXe siècle, en Provence, comme source d'éclairage.

Si une grande partie des olives est employée à la fabrication de l'huile, de nombreuses recettes ont permis leur consommation en tant que fruit. Le problème est d'en éliminer l'amertume naturelle. La préparation la plus connue en Provence est celle des frères Picholini, dite « A la Picholine », mise au point au XVIIIe siècle.

Qu'elles soient entières, cassées ou piquées, la confiserie des olives est largement répandue et fait partie de la « gustatio » à Rome.

Une des préparations les plus appréciées des Provençaux est la tapenade, cette purée était, semble-t-il, déjà connue des Romains et vendue dans les rue d'Athènes.

L'amour de l'olivier dépasse en Provence les raisons économiques. Cet arbre, dont les pousses ressurgissent infatigablement, est le témoignage de l'histoire d'un peuple accroché à son identité culturelle.

Quelques dictons sur l'olive et l'olivier

A Toussant
L'óulivo a la man

A Toussaint
L'olive à la main

Qu'es aco :
Grand coume un oustau
Pichot coume un dedau
Dous coume lou mèu
Amar coume lou féu ?

Qu'est-ce que c'est ?
Grand comme une maison
Petit comme un dé à coudre
Doux comme le miel
Amer comme le fiel ?

L'óulivié, l'óulivo,
l'óli, et la fevio de
l'óulvié.

L'olivier, l'olive,
l'huile et le noyau de
l'olivier.

Conseils de l'olivier :

L'óulivié dis « Ougneme lou pèd, T'ougnirai lou bél ».

L'olivier dit « Engraisse-moi le pied, je t'engraisserai le bec ».

III

Les grands maîtres de l'école provençale classique

Dans le monde de la gastronomie, la cuisine provençale est une des premières à avoir conquis une véritables autonomie.

Le prestique, mêlé d'exotisme du « pays des oranges », de « l'empire du soleil » n'est sans doute pas étranger à ce phénomène. Mais il faut également comprendre l'action déterminante qu'ont jouée quelques très grands chefs régionaux.

On ne saurait trop rappeler aussi que U. Dubois[1] et A. Escoffier, « grands prêtres du classicisme culinaire », étaient tout deux provençaux, nés respectivement à Trets et Villeneuve-Loubet. Et que ce dernier, dans le *guide culinaire*, donne carrément l'imprimatur à Reboul, Caillat et Morard qu'il rassemble sous l'appellation d'« Ecole Provençale ».[2]

Les restaurants provençaux de Paris

Dès 1786, trois beaux-frères, Maneille, Barthélémy et Simon, exportent à Paris nos recettes qu'ils proposent dans leur restaurant « Les Frères Provençaux ». Originaires des bords de la Durance, ils font découvrir nos spécialités : bouillabaisse, brandade de merluche, à la Capitale.

L'Almanach des Gourmands de Grimod de la Reynière, véritable guide de l'époque, fait leur éloge, les huit années de sa parution.

---

1. U. Dubois (1818-1901) est un des grands codificateurs de l'art culinaire classique. A. Escoffier le reconnaîssait d'ailleurs comme son maître.

2. A. Escoffier, *Le guide culinaire*, Flammarion, p. 170.

D'autres frères, Marseillais, ouvrent à leur tour un restaurant en 1792, rue de Valois, le « Bœuf à la Mode », qui met quelque temps avant de connaître la réussite. Ce succès permet d'imposer les plats de notre région, qui restent encore ignorés des traités de cuisine, peut-être à cause de la dominance de l'huile d'olive, peu prisée loin du Midi.

Charles Durand

Charles Durand signe le premier ouvrage consacré à la cuisine méridionale en 1830. Le *Cuisinier Durand*, tel est son titre, comble, comme nous l'affirme sont auteur dans la préface, un vide. « Nous avons deux cuisines en France, celle du Nord et celle du Midi. Les ouvragres qui ont été publiés jusqu'à ce jour, ne traitent guère que de la première. Le Midi attend un ouvrage, il paraît enfin... »

Rédigé par un Languedocien – il est né à Alès le 11 juin 1766 – cet ouvrage traite à la fois des méthodes languedocienne et provençale. N'oublions pas qu'il a effectué une partie de sa carrière à Marseille – chez deux traiteurs tout d'abord, Fille et Simon, puis à l'Hôtel Beauvau, lors de son ouverture – et à Toulon.

Plusieurs fois réédité en province, il connaît même pour la neuvième, une édition parisienne, en 1877, aux Editions Garnier Frères. En fait, le *Cuisinier Durand* n'est pas un livre entièrement consacré à la cuisine du Midi, mais constitue un mélange entre des recettes parisiennes auxquelles s'ajoutent des formules provençales encore inédites : artichauts à la barigoule, à la provençale, bouil-abaïsse à la Marseillaise, bourride, eau bouillie, hortète, nogat. On notera l'absence des pieds et paquets, de l'aïoli...

Ce recueil, qui comme bien d'autres se confond avec la littérature gastronomique « classique », a la grande valeur de rattacher la Provence culinaire à la France.

Le Cuisinier Méridional

En 1835, paraît à Avignon, sans nom d'auteur, *Le Cuisinier Méridional*. Cette compilation de recettes utilisées dans le peuple, la bourgeoisie, la noblesse, semble avoir été réalisée, en fait, par le célèbre traiteur avignonnais Martel (1762-1828).

Faisant référence au *Cuisinier Durand*, il lui reproche son prix et son niveau trop élevé pour être accessible à tous. Dès lors, son objectif est d'être un livre de « ménage ».

S'appuyant sur la renommée des « Frères Provençaux », il se fixe comme but non seulemnt de conquérir nos départements, mais surtout de s'imposer dans la France entière.

Marius-Clément Morard

Marius-Clément Morard, cet enfant du Vaucluse, voit le jour à Rustrel, le 23 mai 1846. Il apprend les bases de son métier à Avignon, sous les ordres de Henri Campé, puis au Château Roubion, que les guides de l'époque présentent comme « restaurant renommé pour ses bouillabaisses, des grandes baies de la salle à manger vue admirable, devenu un hôtel de tout premier ordre avec villas annexes ».

Ensuite, il travaille à l'Hôtel des Phocéens, propriété d'Isnard et devient Chef de Cuisine du restaurant « Le Rosbif », place de la Bourse.

Secrétaire de la Société Culinaire de Marseille, « Lou Vatel », il entretient une importante correspondance avec les différentes chambres syndicales de cuisiniers et participe à l'organisation de leur congrès.

Soucieux d'instruire ses contemporains, il lance une revue culinaire « La Bouillabaisse », dont le premier numéro paraît le 15 septembre 1876, mais qui s'éteint au bout de la troisième livraison, le 13 octobre de la même année. Ne cédant en rien au découragement, Marius Morard fonde un nouveau journal « Le Courrier de la Ménagère ». Le 5 mai 1880 paraît le numéro un et cette seconde série s'arrête ave le numéro dix, le 10 février 1881.

Morard continue, malgré l'arrêt de ses publications, de collationner des connaissances et d'écrire : son objectif reste la parution d'un ouvrage. Ses efforts sont récompensés lorsque commence à paraître, par livraisons successives de 1886 à 1888, *Les Secrets de la Cuisine Dévoilés*.

Une correspondance de Morard à Apollon Caillat datée du 22 mars 1887, nous renseigne sur la nature des problèmes qu'il rencontre. Les souscripteurs sont peu nombreux pour permettre d'activer la parution des 27 séries constituant l'ouvrage complet.

Des deux parties que comprend le recueil, la première nous paraît la plus essentielle. Entièrement consacrée à la cuisine provençale, elle

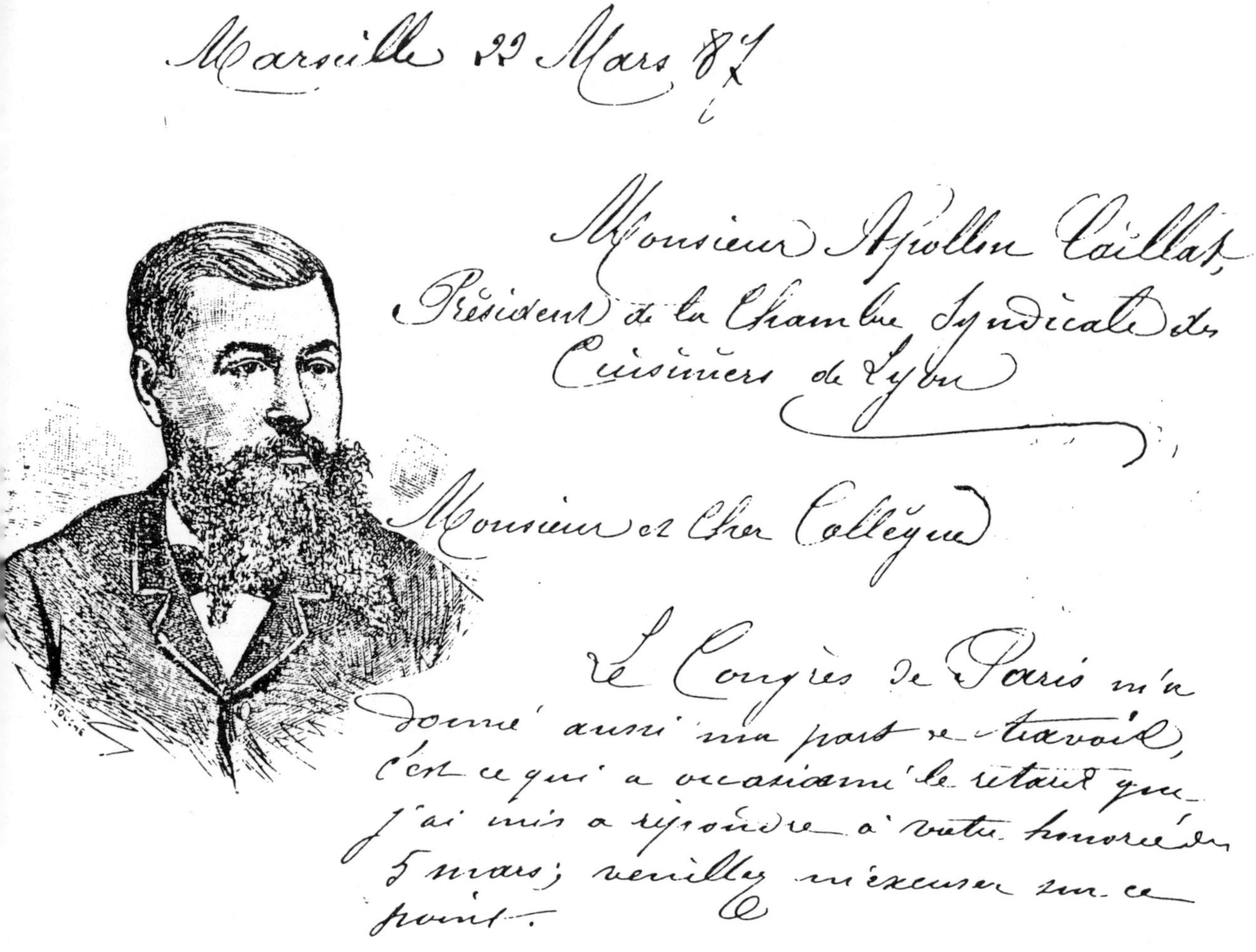
Marseille 22 Mars 87

Monsieur Apollon Caillat,
Président de la Chambre Syndicale des
Cuisiniers de Lyon

Monsieur et Cher Collègue

Le Congrès de Paris m'a donné aussi ma part de travail, c'est ce qui a occasionné le retard que j'ai mis à répondre à votre honorée du 5 mars ; veuillez m'excuser sur ce point.

comporte une étude sur les poissons, la pêche, en usage à Marseille, les soupes, la bouillabaisse, la morue, les plats du pays. La seconde, de portée plus générale, nous enseigne la Cuisine Nouvelle, c'est-à-dire à cette époque la cuisine classique.

Il semble toutefois, comme le suggère Jean-Baptiste Reboul dans la préface de *La Cuisinière Provençale*, que cette œuvre soit restée inachevée. Récemment, une réédition des *Secrets de la Cuisine Dévoilés* a paru aux Editions Jeanne Laffitte, sous le titre couleur locale de « Manuel complet de la Cuisinière Provençale ». Sans pour cela assurer que ce dernier trahisse l'esprit de l'ouvrage, il ne correspond cependant pas à celui de l'édition originale.

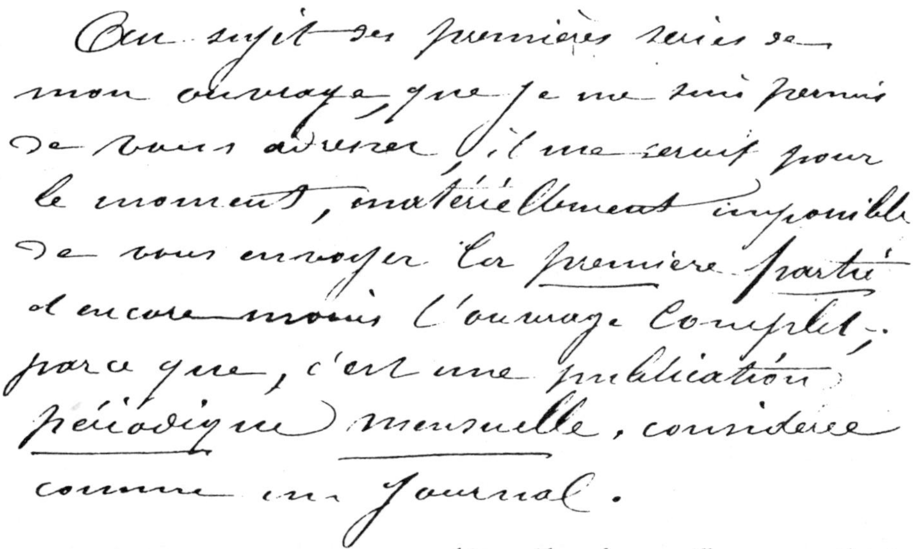
Au sujet des premières séries de
mon ouvrage que je me suis permis
de vous adresser, il me serait pour
le moment, matériellement impossible
de vous envoyer la première partie
et encore moins l'ouvrage complet,
parce que, c'est une publication
périodique mensuelle, considérée
comme un journal.

Monsieur et cher Collègue

Le congrès de Paris m'a donné aussi ma part de travail, c'est ce qui a occasionné le retard que j'ai que j'ai mis à répondre à votre honorée du 5 mars, veuillez m'excuser sur ce point.

Au sujet des premières séries de mon ouvrage, que je me suis permis de vous adresser, il me serait pour le moment, matériellement impossible de vous envoyer la première partie et encore moins l'ouvrage complet, parce que c'est une publication périodique mensuelle, considérée comme un journal.

Il est vrai que j'aurais pu avoir l'ouvrage terminé et le faire paraître en série, mais ce que je n'ai pas fait encore, c'est cela.

Je comptais sur le nombre de souscripteurs pour activer la publication : soit deux séries au moins ou davantage si cela m'étais possible.

Je vous remercie, cher Collègue, de l'empressement que vous mettez pour m'être utile, et vous en suis très reconnaissant.

L'ouvrage complet formera deux volumes : l'un la Cuisine Provençale, l'autre Cuisine Nouvelle, continuant à paraître mensuellementt jusqu'à l'épuisement des 27 séries constituant les deux ouvrages (alors complet).

La souscription à l'ouvrage est de : 16,20 et 2,20 de remise. La Chambre Syndicale reste net : 14 francs, que je devrais recevoir pour chaque souscription.

Rien ne m'empêcherait de faire un dépôt de série sur Lyon, mais alors à la Chambre Syndicale, non chez un libraire, car je connais très bien qu'il ne faut travailler que pour lui, je préfère que la corporation bénéficie de ce petit gain.

Si vous croyez qu'il soit possible de faire quelque chose je vous adresserai un bulletin de souscription comme je l'ai fait pour Paris.

Mais comme vous me dites que la Chambre Syndicale n'a pas de gérant, la chose n'est pas faisable ou néanmoins très difficile. Je ne veux certes pas que vous vous en occupiez en vrai commis voyageur, permettez-moi ce mot, mais seulement en causant les occasions se présentent, voilà tout, cher Monsieur Caillat, car c'est souvent par là que se font de grandes affaires.

Ou je me suis mal expliqué ou vous ne m'avez pas très bien compris quand je vous demande quelles sont les conditions et abonnements, j'ai voulu vous demander si chaque personne en souscrivant doit payer l'ouvrage en entier ou elle ne paie que les numéros ou série qu'elle demande.

Permettez-moi encore de vous dire que suis avec respect votre très dévoué collègue, et vous prie d'accepter l'assurance de mes sentiments les plus sincères et immuables de fraternité.

P.J. jusqu'à aujourd'hui il y a trois séries de parues. Veuillez excuser le recours d'une lettre, car vous le savez comme moi, quand, à côté du travail quotidien, il faut entretenir de nombreuses correspondances, on est pour toujours à la place d'un notaire qui ne bouge pas de son cabinet. Tout à vous.

M. M.

Apollon Caillat

Apollon Caillat, auquel nous avons fait référence à plusieurs reprises, est parmi les grands défenseurs de la cuisine provençale. Originaire de Puget-Ville (Var), il débute son apprentissage à Toulon, sous les ordres d'Antoine Blanc, à « l'Hôtel Victoria », puis au « Grand Hôtel ». Il part pour Marseille, ville dans laquelle il travaille successivement à « l'Hôtel de Castille et de l'Univers », au « Restaurant des Gourmets », au « Restaurant Savournin » et au « Grand Hôtel du Louvre et de la Paix », sur la Canebière. Son service militaire l'amène à Alger, où il prend la direction des cuisines de l'hôpital du Dey, de 1878 à 1883.

A son retour en France, Caillat officie à Lyon, en tant que chef à « l'Hôtel des Etrangers », puis comme saucier à la « Maison Dorée ». Il suit son chef Charles Tabord à Aix-les-Bains, au « Grand Cercle », et reçoit la Reine Victoria à « l'Hôtel de l'Europe ».

Auguste Escoffier lui permet de revenir à Marseille, en lui faisant une lettre de recommandation. Il prend alors la direction des cuisines du « Grand Hôtel du Louvre et de la Paix ». Il quitte cette place pour une semi-retraite, en 1907, et devient Inspecteur des Cuisines de la Société Hôtelière de Ravitaillement.

Bibliophile averti, il collabore à plusieurs ouvrages, *L'Art Culinaire*, *L'Almanach des Gourmets*, et surtout *Le Guide Culinaire* d'Escoffier où il n'est cité que dans les deux premières éditions. Il écrit lui-même un petit traité, « 150 manières d'accommoder les sardines », édité par l'Imprimerie Colbert de Marseille en 1898, qui lui permet « d'apporter aussi sa pierre à l'œuvre utile que poursuivent ceux qui pensent et qui écrivent ».

L'Académie Culinaire de France a donné le nom de Caillat à l'un des fauteuils occupé par un membre titulaire et une association « Les Disciples de Caillat » a existé à Marseille, mais semble avoir disparu.

Jean-Baptiste Reboul

Il n'est de bon Provençal qui ne connaisse Jean-Baptiste Reboul. Nul autre mieux que lui symbolise au travers de son livre la Cuisine Provençale.

Pourtant, son ouvrage ne peut être, en aucun cas, assimilé à un livre régional, tant est réduite la partie réservée aux plats provençaux.

Qué soun bello ! Qué soun vivo ! ! !

PETIT TRAITÉ DE CUISINE

150 MANIÈRES
D'ACCOMODER
LES SARDINES
PAR
A. CAILLAT
Chef de Cuisine

Les choses les plus simples ont leur intérêt

MARSEILLE
IMPRIMERIE COLBERT
CHERRY, directeur
1898

A. Caillat.

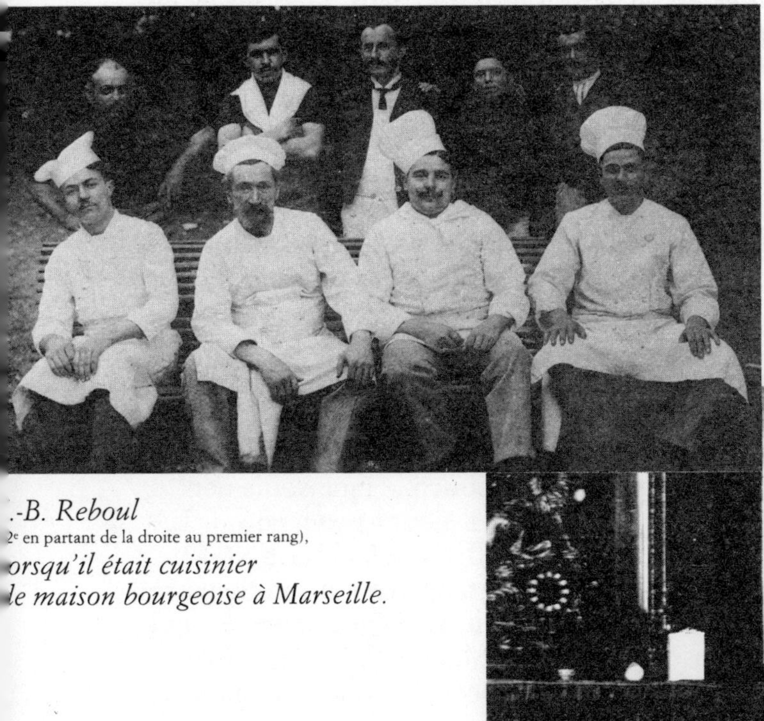

.-B. Reboul
2e en partant de la droite au premier rang),
orsqu'il était cuisinier
le maison bourgeoise à Marseille.

J.-B. Reboul à son bureau.

Aujourd'hui, *La Cuisinière Provençale* qui a tiré à plus de cent mille exemplaires, reste un des ouvrages de référence. Dans beaucoup de familles, il a été le guide de l'apprentissage culinaire des ménagères.

Rien ne prédestine Jean-Baptiste Reboul à la cuisine, son père est garde-forestier dans le Var à La Roquebrussane, où il naît le 26 avril 1862. C'est à Marseille qu'il apprend les bases de son métier. Attiré par la Suisse, il part en 1883 dans le canton de Vaud, à Territtet, où il officie à « l'Hôtel des Alpes » et à « l'Hôtel Mont-Fleuri ». Rapidement, il succède au chef qui a quitté cette place. Il se marie une première fois à Genève en 1886.

Il poursuit les saisons dans les grandes villes de la Côte d'Azur, Cannes, et Monte-Carlo où il rencontre Escoffier, avec qui il se lie d'amitié.

Remarié en 1897, c'est à Marseille qu'il finit sa carrière, comme chef des grandes maisons bourgeoises de l'époque. Installé au 2 du boulevard Baille, il collabore à une revue culinaire « Le Pot au Feu », signant ses articles sous le pseudonyme de « Martigues ». Rétribué à la ligne, il utilise des formules très littéraires et redondantes dans la rédaction de ses recettes.

La renommée de Jean-Baptiste Reboul est essentiellement due à la publication en 1895 de *La Cuisinière Provençale*, dans la préface de laquelle il cite Marius Morard. A ce moment, 495 recettes y figurent, ce nombre augmente sans cesse, dès la troisième édition, on en dénombre 858, pour atteindre le chiffre de 1 122 lors de la onzième. Il faut dire qu'un fascicule de *Conserves à l'usage des Ménages* publié en 1900 a été intégré dans ce volume.

Reboul est un personnage célèbre à cette époque. Il entretient une correspondance avec Frédéric Mistral qui, lui-même écrit dans son journal « L'Aïoli » des recettes signées sous le pseudonyme « Le cousinié Macari ».

Le remerciant de l'envoi de son livre, Mistral lui a fait le reproche suivant : « Mi coumplimen e gramaci pèr aquelo edicioun nouvelo de vosto Cousiniero Prouvençalo, qu'avian déjà sus noste fougueiroun e que rejougnerai dins la biblioutèco dou Muséon Arlaten. A la bon ouro ! vivo aquéu libre goustous, que fai veni l'aigo à la bouco... tant soulamen, à l'edicioun setenco, oublidès pes de i' apoundre li noum prouvençau. LA COUSINIERO PROUVENCALO DEU PAS RENEGA SA LENGO ». (Mes compliments et un grand merci pour cette nouvelle édition de votre Cuisinière Provençale que nous avons déjà sur nos fourneaux et qui rejoindra la bibliothèque du Muséum Arlaten. A la bonne heure ! Vive ce livre de goût, qui fait venir l'eau à la bouche... Néanmoins, pour la septième édition, n'oubliez pas d'y ajouter les noms provençaux. La Cuisinière Provençale ne doit pas renier sa langue).

Reboul s'exécute dès la 7e édition et rajoute la traduction provençale demandée par le « Maître ».

Ce livre, dont nous avons déjà souligné l'importance achève une série qui, de 1830 à 1895, alimente le fond de la littérature gastronomique « classique ».

En 1920, sous l'impulsion d'Austin de Croze[1], puis de Marcel Rouff[2] et de Curnonsky nait une nouvelle mode du régionalisme de la table. L'ambition affichée d'Austin de Croze est de faire l'inventaire du patrimoine gastronomique des provinces de France. Il organise même, en 1923 et 24, durant l'exposition parisienne du salon d'automne, des semaines de gastronomie régionalistes. Les meilleurs chefs provinciaux montent dans la capitale, pour présenter leur cuisine.

Cependant, ce régionalisme de la table qui s'affiche comme un véritable retour aux traditions locales est encore dans les recettes profondément marqué par le classicisme culinaire.

L'œuvre la plus originale de cette époque, le « Groumandugi » de M. Brun, est sans conteste le premier livre de littérature gourmande authentiquement provençal.

Maurice Brun

Visite au Musée de la Gastronomie Provençale

Lorsque Maurice Brun réalise enfin son rêve : être cuisinier, il est dans sa 48e année. Il a, auparavant, succédé à ses grand-père et père, industriels marseillais.

Le 15 février 1936, il inaugure le restaurant « Aux Mets de Provence », conçu pour faire aimer son Pays aux « gens de la capitale ». Depuis, l'établissement n'a fermé que du 20 mars 1941 au 23 mai 1947, pour « l'horreur que nous inspirait d'avoir à servir nos occupants détestés » et

1. Austin de Croze, *La Cuisine des Provinces de France*, 1928, reprint Morcrette Montaigne 1977.
Voir aussi : *La psychologie de la table*, Au Sans Pareil, 1928.

2. Marcel Rouff anime une revue « La France à table », qui présente les cuisines des différentes provinces de France.

ensuite le dimanche, car un arrêté préfectoral interdisait la vente de poisson ce jour-là.

La caractéristique de cette maison est d'offrir, chaque jour, depuis sa création, le menu « unique et invariable », conçut par Maurice Brun lui-même, quinze ans avant l'ouverture de l'établissement.

Ici, tout ce qui n'est pas « du gai pays des olivades » est proscrit. Tout au long des deux bonnes heures que dure le repas (durée inscrite en

en-tête du menu), vous goûtez une suite de plats, légers, dont le beurre est bani au bénéfice du sapide suc de l'olive.

La construction de ce menu respecte l'habitude provençale de commencer par des crudités et les six premiers hors-d'œuvre sur les neufs présentés n'ont pas connu le feu.

« L'huile gelée », pierre de touche du menu, en est l'ouverture, elle est servie en petites tasses de faïence.

Pièces de Musée des Traditions Provençales de Château Gombert.

Conservation
du raisin de Noël

La « tapenado » la suit. Ce mets tient son nom des « tapeno » ou « tapero » : les câpres. Ceux-ci, confits au vinaigre, sont pilés avec du laurier, du thym, de l'ail, des anchois et des olives noires, puis liés à l'huile d'olive et relevés d'un filet de rhum.

Désormais, votre palais est prêt pour déguster les « melets », alevins d'anchois étêtés, mis en saumure pendant 40 jours puis conservés en bocaux, intercalés entre fenouil, laurier et poivre moulu.

Viennent ensuite les olives, vertes et cassées en octobre, novembre et décembre, ou noires et piquées le reste de l'année, qui accompagnent le saucisson d'Arles.

Ces préparations précèdent la « divine poutargue », appelée « caviar provençal » : des œufs de mulets séchés, rapés et liés à l'huile d'olive, et présentée sur des toasts.

Les « pouprihouns » aux pommes d'amour (tomates) sont servis chauds, en sauce riche d'oignons tombés à l'huile, de tomates hachées, le tout flambé au rhum et relevé de Cayenne.

La « timbale de bœuf en daube », que vous dégustez glacée, précède le « quichet aux anchois » qui ferme la marche des hors-d'œuvre : anchois désarêtés, pilés, délayés avec du vinaigre et de l'huile d'olive. Cet appareil est « quiché » (pressé) sur une tranche de pain qui, ensuite, est grillée du côté mie-anchois, puis servie chaud. La Clairette de Die accompagne cette farandole...

Suit le poisson grillé en écailles, sans être vidé, ni salé, principalement de la daurade (en automne), du rouget de roche (en juin, juillet et août), du loup (en hiver). Un vin blanc de Cassis arrose ce plat et se poursuit sur les artichauts « barigoule ».

Les « rôts », consommés avec un Chateauneuf-du-Pape, sont cuits à la broche, dans la cheminée qui orne la salle de restaurant. Ce peut être des perdreaux (du 15 novembre à la fin avril), des pintadeaux (de fin juin à l'ouverture de la chasse et du 15 novembre à la fin mars) ou encore des poulets de grains.

La salade, le Banon – la Tome de Manosque – et les desserts : calissons, nougats blancs et noirs, amandes et fruits sont servis avec un Muscat de Beaume-de-Venise.

Maurice Brun avait acquis la réputation d'original au « foutu caractère », qui n'hésitait pas à « vider » les clients réfractaires ou ceux qu'il jugeait indignes de communier avec l'esprit provençal.

Dans ce restaurant, Frédéric Brun se pose en conservateur en chef des traditions gastronomiques provençales, celles qui furent chantées par les

Félibriges Frédéric Mistral, Léon Daudet et Charles Maurras, ami intime de Maurice Brun qui préfaça même son ouvrage *Le Groumandugi, Réflexions et Souvenirs d'un Gourmand Provençal*[1]. Ce livre, remarquable, écrit pour occuper l'inactivité due à la guerre, est un véritable testament dans lequel Maurice Brun cherche à transmettre « l'atavique gourmandise de ses aïeux et les recettes culinaires... qu'il a directement reçues de sa vénérée et gourmande mère ».

Au-delà d'une véritable poésie gourmande, il recèle des précisions culinaires de grande qualité.

Un repas « Aux Mets de Provence » reste encore un passage obligé, mais attention, on ne vient pas en pèlerinage, on ne communie pas à la messe provençale sans une sérieuse préparation.

Cette expérience gastronomique prolonge magnifiquement un texte de Mistral, ou si vous êtes de ceux qui préfèrent « l'esprit à la forme », un roman de Giono.

Urbain Dubois

Il est un de ces grands cuisiniers de la période classique. Né à Trets en 1818, il effectue sa carrière de chef dans les meilleurs restaurants de Paris, ches « Tortoni », au « Rocher de Cancale », au « Café Anglais », avant de servir le Prince Orloff, en Russie, pendant près de 20 années.

Décédé à Nice, en février 1901, Urbain Dubois est reconnu par Escoffier lui-même comme son « Maître ».

Auguste Escoffier

La vie de ce père fondateur de l'église gourmande du Monde, né à Villeneuve-Loubet le 8 octobre 1846, mériterait qu'on lui consacra un, voire deux livres tout entiers. Il est l'homme qui a le plus marqué notre profession, depuis Antonin Carême.

---

1. Maurice Brun, *Le Groumandugi*, édité en 1949 à compte d'auteur à 1 000 exemplaires.

Auguste Escoffier,
lithographie réalisée par Andrew Vicari
pour les « Disciples d'Escoffier ».

S'il n'a pratiquement jamais exercé son art en Provence, il y est resté toute sa vie très attaché. La correspondance suivie qu'il entretient avec ses amis, cuisiniers du Pays, Reboul, Caillat... en est la preuve. C'est pour les mêmes raisons qu'il engage le fils de Jean-Baptiste Reboul, Marius, dans la brigade du Carlton de Londres, qu'il dirige alors.

Son œuvre littéraire, une des plus dense, n'est pas vouée à la seule cuisine provençale. Ce génie culinaire a posé les bases de la cuisine qualifiée encore de nos jours de « classique » dans son chef-d'œuvre *Le Guide Culinaire*, paru en 1902, traduit en cinq langues et réédité encore de nos jours.

Escoffier quitte les fourneaux en juillet 1920 et se consacre à maintenir la haute renommée de la Cuisine Française dans le monde. Collaborant à de nombreux journaux, il écrit régulièrement dans un hebdomadaire « Le Provençal de Paris » où, en 1926, il fait l'éloge funèbre de Jean-Baptiste Reboul. Il est délicat de parler d'Escoffier, de ses rapports avec la cuisine provençale, car sa carrière est internationale. S'il était l'ambassadeur de la Cuisine Française, il a toujours tenu à faire valoir que ses origines étaient dans notre province et que c'est à notre cuisine qu'il a été formé, dans sa jeunesse.

Nul n'est prophète en son pays, nous enseigne le proverbe ; Auguste Escoffier n'échappe pas à cette règle, car les premiers ouvrages qui lui sont consacrés ont été écrits en langue anglaise[1] et il faudra attendre 1985 pour que son petit-fils Pierre publie *Auguste Escoffier, souvenirs indédits*.

---

1. Eugène Herbodeau et Paul Thalamas, *Auguste Escoffier*, made and printed in Great Britain by Vater Low and Sons Limited, London, 1956 ; et Joseph Donon *French Classic Cuisine*, Alfred A. Knopf, New York USA, 1961.

IV

L'Almanach des gourmands provençaux

En Provence, les rythmes alimentaires qui scandent les plaisirs gourmands s'inscrivent dans des traditions aux origines multiples.

Au vieux fonds païen accroché au cycle de la nature se superposent les traditions chrétiennes ; le tout « revu et corrigé » dans l'esprit provençal, très marqué par quelques mythes fondateurs où la mer et les marins tiennent la première place.

L'année est marquée par des fêtes et des fastes alimentaires qui commémorent un événement naturel et/ou religieux.

Toujours vivantes, ces pratiques ont trop souvent perdu leurs significations ; et pour en apprécier pleinement la saveur, il convient de présenter le contexte symbolique dans lequel elles prennent leur sens.

Epiphanie

La tradition de la Fête des Rois ne revêt pas un caractère bien particulier en Provence. Comme partout, il est de coutume de déguster le gâteau que le boulanger offrait. Le plus souvent, c'est l'enfant qui bénit le « royaume », le coupe en autant de parts que de convives, plus la « part de Dieu ».

Le premier morceau est mis de côté, pour le pauvre. Chez nous, point de galette, mais un gâteau brioché, dans lequel la fève est le plus souvent remplacée par un sujet (petit santon).

Tripettes de Barjols

Le 16 janvier : Saint-Marcel

Une tradition subsiste à Barjols, le sacrifice d'un « bœuf gras ». Cette mise à mort s'accompagne de réjouissances auxquelles tous les gens du village participent. De nombreux auteurs citent « les tripettes de Barjols », mais peu s'entendent sur la signification profonde de cette fête.

Ici, on célèbre la visite d'un bœuf lors d'une famine, là on vénère des reliques : les intestins de Saint-Marcel, Pape mort le 16 janvier 309, ou encore le légendaire évêque de Die.

Cependant, toutes les sources confirment que, pour la Saint-Marcel, on exhibe en procession dans les rues de la ville un bœuf, préalablement béni, avant d'assister à l'office au cours duquel a lieu une danse traditionnelle « la danse des tripettes ».

Après la messe, arrive le moment du sacrifice. Le partage des viandes suit un rituel très précis : la chair du bœuf est partagée avec l'ensemble de la communauté, alors que les viscères (tripettes) sont réservés aux exécutants de la danse.

Nous nous trouvons ici, visiblement face à une récupération catholique des pratiques sacrificielles grecques. En effet, comment ne pas voir dans les règles du partage, un résidu de l'organisation du sacrifice antique : les viandes pour le commun des mortels, les viscères pour le groupe des sacrificateurs.

Se pose tout de même un problème : quelle peut bien être dans la tradition provençale la part de Dieu représentée en pays grec par les os qui brûlent sur le foyer, nourrissant de leur odeur les habitants de l'Olympe ?

La danse célébrée durant l'office marque le contrôle de la divinité et rappelle, si besoin en était, que la chrétienté se distingue des traditions païennes par l'absence de dons matériels faits au Dieu.

Chandeleur

Le 2 février

A Marseille, cette fête est associée au quartier de la Basilique Saint-Victor, où l'on se rend pour acheter des gâteaux secs de forme allongée, les « navettes ».

La tradition gourmande prend sa source dans la légende qui amène sur

« Le Tarare » ou « Ventarello », qui sert à vanner le grain.

les rives de Provence les Saintes Maries et Saint Lazare et celle qui fait échouer sur les bords du Lacydon la statue d'une vierge en bois au XIVe siècle. La croyance populaire vit là une marque du destin et un signe de protection des gens de la mer.

La forme des navettes, allongée, amincie aux extrémités et fendues, s'apparente à celle d'une barque. Elle connote ainsi l'ensemble des événements fondateurs de la culture marseillaise et plus généralement provençale : la conquête de la ville par les navigateurs phocéens, le naufrage des saintes sur les côtes de Provence et cette Vierge Noire qui, 13 siècles plus tard, vient rappeler à ce peuple de marins la permanence de la protection divine.

Bien au-delà des aliments qui la constituent, la navette prend une dimension symbolique qui l'élève au rang de véritable talisman. C'est elle qui protège le marin et les siens du naufrage fatal. Mais, cette fonction déborde largement les activités profanes que sont la pêche et le commerce maritime et entre pleinement dans le monde du sacré où la barque est le véhicule dans lequel on prend place pour vaincre les embûches et les passions du monde : confirmation de l'interpénétration du sacré et du profane dans les sociétés traditionnelles.

La nature des navettes, gâteaux secs que l'on fabrique uniquement le 2 février, mais qui se conservent toute l'année, vient ici renforcer ce rôle de protection. Ce sont des aliments pérennes.

La tradition veut que l'on achète, à la sortie de la messe, 12 navettes : ancrage symbolique renvoyant bien évidemment aux 12 mois de l'année, qu'il convient de protéger, mais aux différentes significations de ce nombre : la perfection (celui du monde achevé), de l'élection (12 apôtres) et le zodiaque (12 signes).

Les navettes

> Il y en avait de toutes les tailles : de toutes petites, comme pour filer un bonnet de poupée ; la plupart étroites comme une baguette de tambour, bien fendue d'une raie blanche, par le milieu ; quelques autres, surtout chez les boulangers, de dimensions imposantes, dignes de ces Messieurs les Notaires et des riches. Toutes, de blanche farine et bien dorées, farine du pays qui faisait du si bon pain. Elles étaient parfumées à la « fleur d'orange »,comme on dit là-bas. Et même, on voyait dans les beaux quartiers des suffètes, chez les confiseurs, de très grandes navettes aussi longues qu'un canot d'enfant, et gaîment ornées de rubans. Mon père, né ce jour-là, en recevait toujours de ses enfants et de ses servantes.
>
> André Suarez, *Chronique de Caerdal.*

Sainte Agathe

Le 5 février

Santo Agueto, Empourto la fre dins sa saqueto.

La Sainte Agathe emporte le froid dans son sac.

Ce jour, fêté de façons diverses en Provence, voit à Arles l'exorcisme de la mauvaise saison, symbolisée par une vieille femme « la vieille ». Juchée sur un âne et portant un gros sac vide, elle s'arrête aux portes, demandant l'aumône. On lui donne une pièce et les gamins la chassent, la conspuant afin qu'elle disparaisse. Ainsi, la terre retrouve-t-elle sa force productive.

A Maillane, c'est le jour du « vœu ». On y célèbre la sainte patronne du village (prénom d'une fille du Seigneur du lieu). Vous mangerez « li pan de Santo Agueto », petit gâteau en forme de sein. L'origine de cette pâtisserie est liée à la légende de la sainte qui, se refusant au Consulaire Quintien, eut les seins coupés.

Ces deux traditions, apparemment différentes, s'ancrent dans une symbolique identique. Le sein que l'on incorpore ou la vieille stérile que l'on chasse sont des appels, après de longs mois de stagnation végétale, au retour de la fécondité.

Souvent, lors de la fête du village, on retourne parmi les siens, et partageant « lipan de Santo Agueto », on se régénère, pour renaître aux nécessités de l'année.

A Santo Agueto,	A Sainte-Agathe,
Pren ta boutiheto,	Prends ta bouteille,
Vai à ta vigneto	Vas à ta vignette,
Se non iè vas pèr travaia,	Si tu n'y vas pas pour travailler,
Vai-ié per gousta.	Vas-y pour goûter.

Mardi-Gras

Carnaval

Carnaval s'aprocho	Le Carnaval s'approche
Fau vira la brocho	Il faut faire tourner la broche
Carnaval s'en vaï	Le Carnaval s'en va
Fau se mettre à l'ai	Il faut se mettre à l'ail

Mistral
Lou trésor dóu Felibrige

Précédant la période du Carème, Carnaval est l'occasion d'excès alimentaires et de transgression d'interdits.

Partout, en Provence, la danse est de rigueur, levant tous les tabous et les tournant en dérision. Peu de règles président aux repas de cette période, seules sont à noter, la consommation de pieds et paquets et des oreillettes (bachiqueli, bougneto), le Mardi-Gras.

Les divertissements de Carnaval s'achèvent le Mercredi des Cendres, le jour de « Caramantran ». Ce nom est aussi celui de l'homme de paille qui, après procession et jugement, était brûlé puis jeté à la mer ou dans le Rhône. Le soir, au repas, toutes les viandes étaient bannies et l'on mangeait traditionnellement l'aïoli.

Ami, canten l'óulivié !	Ami, chantons l'olivier !
Es sa frucho que fa l'óli,	C'est son fruit qui donne l'huile,
E, que que digue l'aiet,	Et, quoi qu'en dise l'ail,
Sénso éu farien pas l'aioli.	Sans elle, on ne ferait pas l'aïoli.

A. Autheman

Rameaux

« Soun pas bon crestian lis oustau ounte se manjon pas de cese per Rampau ». (Point de bons chrétiens dans les maisons où l'on ne mange pas de pois chiches pour les Rameaux).

Les Rameaux, faits d'une branche d'olivier, de palmier ou encore de buis, sont chargés de friandises. L'Eglise (Grégoire XIII au Concile d'Aix en 1585) combattit cette tradition, allant même jusqu'à la proscrire.

« Curati ne permittant esculenta appendi olivis benecendis, moneant que populum benedictionem illam non cadere super esculenta sed super olivas »[1]

Les pois chiches du jour des Rameaux étaient sensés protéger des furoncles pendant toute l'année.

On faisait croire aux « Gavoto »[2] que ce jour-là, les « cese »[3] étaient distribués gratuitement. Aussi, y en avait-il toujours qui partaient sur le chemin, avec une marmite, ce qui faisait la joie des farceurs.

Plusieurs raisons sont invoquées pour justifier cette coutume : le naufrage sur la côte marseillaise d'un navire chargé de pois chiches dans une période de disette, une fête grecque... et plus simplement la croyance du retour du beau temps et du renouveau de la végétation, symbole de victoire durable, qui permet d'épuiser les réserves de légumes secs. Cela peut aussi symboliser la fin du déluge, représentée par le rameau d'olivier apporté par la Colombe de Noé.

Semaine Sainte et Pâques

Plusieurs traditions se perpétuent pendant ces jours en premier lieu, nous allons parler des œufs.

Ceux du Vendredi Saint ont, selon une légende, la propriété de ne jamais se gâter, mais de se dessécher et de devenir durs comme une pierre.

On les place alors dans les armoires pour conserver le linge. Les œufs, interdits pendant le Carême, réapparaissent sur les tables pour Pâques. On les fait bénir le Samedi Saint et les distribue le lendemain.

Le Lundi de Pâques, la « pascado », l'omelette au lard est le plat obligatoire.

Pentecôte

Pour cette fête, une coutume récente a été instaurée par les pâtissiers de Marseille ; elle tient en un gâteau « le colombier », dessert à base d'amande et de melon, dans lequel est enfermée une colombe de porcelaine : « qui la colombera, dans l'année se mariera ».

Le Lundi de Pentecôte, jour de la Sainte Estelle, se tient le banquet du Félibrige. Au cours de ce repas, le Châteauneuf est bu dans la « Coupo Santo ».

Coupo Santo

Prouvençau, veici la coupo	Provençaux, voici la coupe
Que nous vèn di Catalan :	Qui nous vient des Catalans :
Ade rèng beguen en troupo	Tour à tour, buvons ensemble
Lou vin pur de nos te plant.	Le vin pur de notre cru.
Coupo santo	Coupe sainte
E versanto	Et débordante
Vuejo à plen bord,	Verse à pleins bords
Vuejo a bord	Verse à flots
Lis estràmbord	Les enthousiasmes
E l'enavans di fort !	Et l'énergie des forts !

F. Mistral

Toussaint

En Provence, le repas pris le soir de la Toussaint est consacré aux « armetos » (âmes des mort). Il est de tradition de consommer les châtaignes et le vin cuit. Les reliefs sont laissés sur la tables, afin de nourrir les revenants qui n'hésitaient pas à venir hanter leur ancienne demeure.

Il y a une étude intéressante à faire sur « la mort et la nourriture ». Nous retrouverons une coutume analogue le soir du « Gros Souper », où nous aurons garde de débarasser la table en partant à la Messe de Minuit.

Les Egyptiens, qui croyaient en une survivance de l'esprit qui pouvait errer dans les lieux fréquentés naguère par le défunt, enterraient leurs morts en leur laissant des nourritures.

La vie dans l'au-delà se poursuit. Revenant sur les lieux de vie, en ces moments de Toussaint où elles sont plus spécialement invoquées, les « armetos » doivent trouver de quoi de rassasier. Ainsi, leur passage sera limité dans le temps et elles ne causeront aucun trouble aux vivants.

Noël

Partout en Provence, la veille de Noël est célébrée avec solennité. La fête calendale – ainsi nommée par rapprochement avec les calendes de janvier païennes – a été relatée dans de nombreux écrits de la littérature provençale.

A l'heure actuelle, les évolutions n'ont pas altéré l'attachement aux coutumes ancestrales. Certains usages comme les « calenos » – présents de fruits, légumes, poissons, gibier ou gâteaux que l'on s'envoyait – sont tombés en désuétude. Mais, le « Gros Souper » reste encore très répandu.

Ce repas n'a du point de vue gastronomique rien d'exceptionnel, si ce n'est le nombre de plats et surtout de desserts (treize), qui le compose.

La table revêt une importance particulière. Trois nappes. blanches, successivement plus petites la recouvrent, trois chandeliers illuminent le « blé de Sainte Barbe » (blé ou lentilles mis à germer le 4 décembre, qui est un présage de prospérité).

Les plats sacramentels sont posés tour à tour : céleri à l'anchoïade, morue en raïto, escargots servis avec l'aïoli, cardons, omelette aux épinards, chou-fleur, artichauts. Des variations existent en fonction de la situation géographique, mais on s'accorde sur le nombre « 7 » de plats rappelant les 7 plaies du Christ.

Viennent ensuite les « 13 desserts » : raisins, figues, amandes, noix, poires, pommes, pâte de coings, abricots confits, melon d'hiver, pompe à l'huile, calissons, prunes, nougat ; accompagnés de vin cuit.

A la fin du repas, la table n'est pas débarrassée, les reliefs restent pendant la messe pour les « armetos », qui peuvent, comme le soir de Toussaint, se manifester.

V

Cent douze recettes traditionnelles

L'Outo canto sus lou fiò :
Oh ! la bono aigo-boulido !
Entre li dous grand cafiò
Lando, lando, regalido !
Nòsti gènt vènon dina,
Arrena.
Un brout de sàuvi dins d'oulo
Reviscoulo
Lou crestian,

La Marmite chante sur le feu :
Oh le bon potage à l'ail
Entre les deux grands landiers,
Flambe, feu joyeux !
Nos gens viennent dîner,
Harassés.
D'un brin de sauge au pot
Le chrétien
Se ravigore.

Frédéric Mistral : Les « Isclo d'Or »

SOUPES, POTAGES

Aïgo-boulido

« L'aïgo-boulido, sauvo la vido
Au bout dóu tèms, tuo li gènt »
(L'eau bouillie sauve la vie, au bout du temps, elle tue les gens)

INGRÉDIENTS
(6 personnes)

Ail, 9 gousses
Sauge, 1 branche
Laurier, 1/2 feuille
Huile d'olive, 1 cuillerée (3 cl)
Jaune d'œuf, 2 (facultatif)
Pain, 6 tranches (150 g)
Eau, 1,50 l
Fromage, 100 g

Ecrasez les gousses d'ail.
Mettez l'eau salée à bouillir dans une casserole.
Ajoutez-y l'ail, la sauge, le thym, le laurier, laissez infuser 10 à 15 minutes.
Mettez les jaunes dans la soupière, passez dessus le bouillon petit à petit , en remuant.
Versez la soupe sur des tranches de pain, ajoutez un filet d'huile d'olive et parsemez de fromage râpé.

Soupe traditionnelle aux vertus médicinales multiples et qui composait le premier repas des enfants en bas âge au moment du sevrage.

Aïgo-sau

INGRÉDIENTS

Poissons blancs, 1,500 kg
Oignon, 150 g
Poireaux (blancs), 100 g
Huile d'olive, 1 dl
Pommes de terre, 600 g
Ecorce d'orange, p. m.
Ail, 3 gousses
Tomates, 250 g
Bouquet garni, 1
Fenouil, 1 branche
Safran, 0,2 g
Sel, p. m.
Pain, 100 g

Videz, écaillez, lavez les poissons, coupez les plus gros en tranches.
Epluchez l'oignon, nettoyez le blanc de poireaux, émincez-les.
Faites-les fondre à l'huile d'olive dans une casserole.
Ajoutez l'écorce d'orange, l'ail pelé et écrasé, les tomates en morceaux, le fenouil, le bouquet garni.
Mettez les poissons et les pommes de terre coupées en rondelles de 3 mm, le safran.
Mouillez d'eau bouillante à hauteur, faites cuire vivement 20 minutes environ.
Otez le fenouil, le bouquet garni, l'ail, l'écorce d'orange.
Servez : le bouillon et les pommes de terre sur les tranches de pain, le poisson à part.

L'Aïgo-sau signifie eau salée, c'est une soupe de poissons familiale que l'on appelle encore « boui-abaisso blanc » ou « bouillabaisse d'Henri V », dont la base est de poissons blancs. Il peut varier à l'infini, les pommes de terre ne sont pas obligatoires et la rouille accompagne souvent cette soupe.

Aïgo-sau d'iou bouillabaisse borgne

INGRÉDIENTS

Huile d'olive, 2 dl
Poireaux , 400 g
Oignon, 200 g
Tomates, 400 g
Ail, 4 gousses
Fenouil, 1 branche
Bouquet garni, 1
Ecorce d'orange, 1
Eau, 2 l
Sel, p. m.
Safran, 1 pincée
Pommes de terre, 800 g
Œuf, 6 (1 par personne)
Pain, 200 g
Cerfeuil ou persil, 80 g

Epluchez les légumes, coupez les pommes de terre en tranches de 1/2 centimètre.
Emincez les poireaux, l'oignon, faites-les revenir dans l'huile d'olive.
Ajoutez les tomates pelées et hachées (ou en coulis), les gousses d'ail, le fenouil, le bouquet garni et l'écorce d'orange.
Mouillez avec deux litres d'eau, assaisonnez (sel + safran), ajoutez les pommes de terre.
Faites bouillir 40 minutes environ.
Pendant ce temps, faites dorer au four les tranches de pain.
Dès que les pommes de terre sont cuites, faites pocher les œufs dans la soupe bouillante 2 minutes.
Versez le bouillon sur les tranches de pain, dressez les pommes de terre sur un autre plat, posez les œufs dessus, parsemez de cerfeuil ou de persil haché.

Soupe courte

INGRÉDIENTS

Mouton, 600 g
Petit salé, 300 g
Huile d'olive, 2 dl
Oignon, 100 g
Ail, 2 g.
Tomates, 200 g de coulis
Eau, 2 l
Macaronis, 300 g
Fromage râpé, 150 g
Bouquet garni, 1

Faites revenir à l'huile d'olive les morceaux de mouton et de petit salé.
Ajoutez l'oignon émincé, la gousse d'ail, le bouquet garni et le coulis de tomates ; assaisonnez, mouillez.
Faites cuire doucement à couvert.
Lorsque la viande est cuite, portez à ébullition, ajoutez les macaronis, cuire 20 minutes.
En fin de cuisson, retirez l'ail, le bouquet garni, versez dans la soupière. La viande peut être servie en même temps.

Cette soupe doit être très épaisse.

Soupe de crabes ou favouilles

INGRÉDIENTS

Crabes, 750 g
Huile d'olive, 2 dl
Poireaux (blancs), 200 g
Oignon, 150 g
Tomates, 400 g
Eau, 2 l
Ail, 2 gousses
Bouquet garni, 1
Fenouil, 1 brin
Sel, poivre, p. m.
Safran, 1 g
Vermicelle, 100 g

Prenez les favouilles vivantes, lavez-les soigneusement, égouttez-les.
Faites-les revenir à l'huile d'olive, ajoutez l'oignon et les blancs de poireaux émincés, l'ail, les tomates pelées et hachées.
Mouillez avec 2 l d'eau, ajoutez le bouquet garni, le brin de fenouil, assaisonnez (sel + poivre + safran).
Maintenez un frémissement pendant une heure.
Passez le bouillon au chinois en écrasant avec le pilon.
Reportez à ébullition, mettez le vermicelle.
Servez dès que le vermicelle est cuit.

Soupe d'épeautre de la tante de Lagrand

INGRÉDIENTS

Epeautre, 250 g
Haricots secs, 250 g
Carottes, 4
Poireaux, 4
Navet, 1
Céleri
Pommes de terre, 3
Jarret de porc, 1,500 kg
Saucisses, 4
Sel, poivre, p. m.

Lavez l'épeautre. Laissez-le tremper avec les haricots secs pendant 1 h 30.
Pendant ce temps, faites bouillir le jarret, les saucisses, carottes, poireaux, céleri, navet dans 6 à 8 litres d'eau. Assaisonnez.
Laissez cuire une heure.
Retirez viandes et légumes et ajoutez l'épeautre et les haricots.
Laissez cuire 30 minutes puis ajoutez 3 pommes de terre coupées en petits dés. Laissez cuire jusqu'à cuisson complète (environ 30 minutes).

Epeautre : céréale connue en Provence.

La viande est mangée après, avec les légumes.

Soupe d'épeautre

INGRÉDIENTS

Epaule de mouton, 1 kg
Eau, 3 l
Sel, p. m.
Carottes, 400 g
Navets, 100 g
Céleri branche, 100 g
Poireaux, 100 g
Ail, 2 g
Oignons, 100 g
Thym, laurier, p. m.
Epeautre, 400 g
Huile d'olive, 2 dl

Mettez l'épaule de mouton dans l'eau froide, portez à ébullition, écumez, assaisonnez.
Ajoutez les carottes, les navets, un bouquet garni composé du céleri, de poireaux, du thym et laurier, et les gousses d'ail.
Faites cuire à feu doux.
Lorsque la viande est cuite, tenez-la au chaud dans du bouillon.
Faites cuire l'épeautre dans l'autre partie du bouillon.
Servez la soupe arrosée d'un filet d'huile d'olive.

Soupe de poissons de roche

INGRÉDIENTS

Huile d'olive, 15 cl
Oignons, 250 g
Poireaux (blancs), 100 g
Ail, 2 gousses
Poissons de roche, 1,500 kg
Bouquet garni, 1
Fenouil, 1 branche
Safran, 0,2 g
Tomates, 250 g
Vermicelle, 100 g
Fromage, 150 g

Mettez l'huile d'olive à chauffer dans une marmite, faites-y revenir les légumes émincés (oignons, poireaux).
Ajoutez les poissons, faites suer.
Mettez les tomates en morceaux, l'ail écrasé, le fenouil, le bouquet garni, le safran, assaisonnez.
Mouillez avec 2 l d'eau, portez à ébullition et maintenez-la 30 minutes.
Passez au mixer, puis au chinois en pressant pour bien exprimer les sucs.
Refaites bouillir et versez-y le vermicelle. Cuisez 10 minutes.
Servez avec du fromage râpé.

Vous pouvez supprimer les vermicelles et servir le bouillon avec des croûtons passés à l'huile d'olive, séchés au four et frottés à l'ail.
La soupe de poissons de roche a un goût très fin, qui rend inutile la rouille.

Soupe aux « pommes d'amour »

INGRÉDIENTS

Huile, 5 cl
Poireaux (blancs), 200 g
Farine, 100 g
Bouillon, 2 l
Tomates, 1,200 kg
Céleri, 50 g
Bouquet garni, p. m.
Persil, p. m.
Ail, 1 gousse

Faites revenir dans l'huile d'olive les blancs de poireaux émincés.
Saupoudrez de farine, faites cuire 2 minutes.
Mouillez avec le bouillon, en remuant vivement pour éviter les grumeaux, portez à ébullition.
Ajoutez les tomates épépinées et coupées, le bouquet garni, l'ail écrasé, assaisonnez.
Couvrez et laissez bouillonner 30 minutes.
Passez au presse-purée (ou au mixer).
Servez avec des croûtons frits à l'huile.

Cette soupe, une fois passée, peut être servie avec du riz et des lardons sautés à l'huile.

Soupe au pistou

INGRÉDIENTS

Haricots en grains fins, 200 g
Oignons, 100 g
Clou de girofle, 1
Bouquet garni, 1
Poireaux, 50 g
Carottes, 150 g
Céleri, 50 g
Navets, 50 g
Pommes de terre, 200 g
Haricots verts, 200 g
Courgettes, 300 g
Tomates, 250 g
Vermicelle, 100 g
Ail, 5 gousses
Basilic, 12 feuilles
Parmesan frais râpé, 100 g
Huile d'olive, 2 dl

Mettez dans une marmite les haricots écossés, l'oignon piqué avec le clou de girofle, le bouquet garni, mouillez avec 3 l d'eau froide. Cuisez 20 minutes à petite ébullition.
Epluchez et lavez les légumes, sauf les courgettes, pelez et épépinez les tomates.
Coupez les légumes en dés et ajoutez-les dans la marmite, assaisonnez.
Cuisez 15 minutes, puis versez le vermicelle, finissez la cuisson (15 minutes environ).
Préparez le « pistou » : mettez dans un mortier l'ail en pommade, ajoutez les feuilles de basilic et pilez jusqu'à l'obtention d'une pâte ; mettez le parmesan et l'huile d'olive.
Incorporez le « pistou » dans la soupe avant de servir.

Soupe de châtaignes

– Soupo de castagno –

INGRÉDIENTS

Châtaignes sèches (blanqueto), 750 g (sèches et épluchées)
Poireaux (blancs), 200 g
Riz, 100 g
Huile d'olive, 150 g

« Que m'asseguron dos soupo de castagno pèr jour e fau plus rèn... »
– Que l'on m'assure deux soupes de châtaignes quotidiennes et je ne fais plus rien –
François Jouve (boulanger, écrivain provençal) :
La Cuisine Provençale de Tradition Populaire

La veille, faites tremper les châtaignes dans de l'eau tiède.
Enlevez la seconde peau.
Mettez-les dans de l'eau froide salée pendant 45 minutes afin de les réhydrater.
Ajoutez les poireaux émincés finement et le riz, cuisez 15 minutes, passez, ajoutez au dernier moment un bon trait d'huile d'olive.

Ourteto

INGRÉDIENTS

Epinards,
Orties,
Céleri,
Oseille,
Ail,
Oignons,
Sel,
Pain,
Huile d'olive,
Œufs.

« Vous aurés e vèspre e matin
D'ourteto ou quauco aigo-boulido »
(D. Sage)
Vous connaîtrez soir et matin
en consommant l'ourtête et quelques eaux-bouillies.

Hachez grossièrement les « herbes » après les avoir lavées.
Mettez-les à bouillir, assaisonnez (sel, ail, oignons émincés).
Coupez de minces tranches de pain, arrosez-les d'huile. Quand la soupe est cuite, délayez un peu de bouillon sur les œufs.
Lorsque le mélange épaissit, ajoutez le reste de bouillon, puis versez le tout dans une soupière, sur du pain.

Soupe de printemps et d'été, faite « d'herbes sauvages » (orties, carottes sauvages, panais, cresson...).

Soupe de monats (ou poutine)

INGRÉDIENTS

Poutine, 400 g
Huile d'olive, 5 cl
Oignons, 200 g
Poireaux, 400 g
Ail, 3 gousses
Tomates, 500 g
Bouquet garni, p. m.
Safran, p. m.

Ciselez finement l'oignon et les poireaux.
Faites-les colorer légèrement à l'huile d'olive, ajoutez la pulpe de tomate concassée, l'ail, le bouquet garni. Laissez cuire ensemble 10 minutes.
Mouillez d'eau bouillante, reportez à ébullition pendant 15 minutes.
Ajoutez la poutine et le safran. Maintenez un frémissement pendant 5 minutes et servez aussitôt. Des croûtons et le fromage sont proposés éventuellement à part.

Poutine : alevins d'anchois ou de sardines.

SALADES, HORS-D'ŒUVRE

Céleri à l'anchoïade

INGRÉDIENTS

Céleri en branche, 3 cœurs
Anchois au sel, 12 pièces
Ail, 4 à 6 gousses
Huile d'olive, 25 cl
Vinaigre, 1 dl
Sel, poivre, p. m.

Lavez les cœurs de céleris, coupez-les en tronçons, séchez-les dans un linge.
Lavez les anchois, enlevez les arêtes, égouttez-les.
Mettez-les dans une terrine avec une cuillerée d'huile d'olive, un filet de vinaigre et l'ail.
Ecrasez avec une fourchette, délayez avec le reste d'huile d'olive, rectifiez l'assaisonnement.
Mettez les céleris dans un saladier. Versez la sauce dessus, servez frais.

Salade de céleri aux truffes

INGRÉDIENTS

Céleri en branche, 2cœurs
Truffe crue, 1 pièce de 40 g
Huile d'olive, 2 dl
Sel, p. m.
Poivre, p. m.
Citron (jus), 1/2

Lavez et émincez les cœurs de céleris.
Ajoutez les lamelles de truffes crues.
Assaisonnez d'huile d'olive, sel, poivre et jus de citron.

Pompe aux anchois

INGRÉDIENTS

Farine, 500 g
Levure, 20 g
Eau, 5 cl
Huile d'olive, 1 dl
Anchois, 18 pièces

Mettez la levure dans l'eau tiède.
Dans le saladier, posez la farine, le sel, l'eau, pétrissez, incorporez l'huile d'olive et travaillez la pâte, jusqu'à ce qu'elle se décolle des parois.
Faites-la lever dans un endroit tiède.
Séparez-la en deux, étendez les morceaux en ovale, disposez les filets d'anchois sur la première abaisse, recouvrez-la, faites pousser la pompe, entaillez-la, enfournez 30 minutes à 200°.

Olives farcies

INGRÉDIENTS

Olives,
Câpres,
Anchois,
Huile d'olive.

Otez le noyau des olives saumurées que vous avez pris soin de laver et d'égoutter.
Replacez dans la cavité un câpre entouré d'un filet d'anchois.
Ainsi farcies, mettez vos olives dans un bocal et recouvrez-les entièrement de bonne huile d'olive.

Panisses

– Brigadèu –

INGRÉDIENTS

Farine de pois chiches, 250 g
Beurre, 25 g
Eau ou lait, 1 l
Huile d'olive, 1 dl
Sel, poivre, p. m.

Faites bouillir l'eau ou le lait, assaisonnez, incorporez le beurre.
A ébullition, otez la casserole du feu, versez la farine en pluie, en remuant avec une cuiller en bois.
Remettez sur le feu et faites épaissir en remuant 5 à 10 minutes.
Versez la préparation dans de petits moules (forme de tartelettes) huilés et faites refroidir. Démoulez.
Faites rissoler les panisses à l'huile dans une poêle jusqu'à ce qu'elles soient chaudes et dorées.

Cette préparation campagnarde peut être faite avec de la farine de pois chiches ou de maïs.
Il était de tradition d'utiliser un bâton de bois de laurier-sauce à la place d'une cuiller, pour remuer cette préparation. A Marseille, on vendait les « panisso » dans les rues ou dans des friteries.

Paté de grives

INGRÉDIENTS

Chair de grives, 500 g
Veau, 500 g
Gras de porc, 500 g
Oignons, 100 g
Ail, 2 g
Bouquet garni, 1
Cognac, 5 cl
Huile d'olive, 3 cl
Sel, 25 g
Œuf, 1
Crépine de porc, 150 g
Genièvre, 4 baies
Truffes, facultatif
Poivre, p. m.

Coupez les viandes en lanières, mettez-les à mariner avec l'oignon émincé, l'ail écrasé, le bouquet garni, le cognac, l'huile d'olive, le sel et le poivre, 48 heures dans un endroit frais.
Hachez les viandes, ajoutez les baies de genièvre pilées, liez avec l'œuf.
Mettez ce hachis dans la crépine de porc, puis dans un moule.
Cuisez-le au bain-marie dans un four à 180°, 1 heure à 1 h 30.

Poutargue

mi-juillet - fin août

Gaines d'œufs de femelles de mulets lavées à l'eau de mer, pressées, puis séchées.
Conservées enrobées dans de la cire ou de la parafine.

Otez la cire et la pellicule qui entoure les œufs.
Broyez-les au hachoir, puis mettez-les dans un bol.
Versez dessus en remuant le jus de citron et l'huile d'olive.
Laissez reposer quelques jours afin que les œufs reprennent un peu de liquide.
Consommez sur des lamelles de pain grillées.

Petits patés à la provençale

INGRÉDIENTS

Pâte feuilletée, 200 g
Eau, 1 dl
Beurre, 150 g
Jambon cru, 100 g
Veau, 100 g
Œufs, 2
Persil, 80 g
Anchois au sel, 50 g
Ail, 1
Huile d'olive, 1 cl

Faites une pâte feuilletée.
Faites dessaler les anchois, défaites-les, faites-les fondre à l'huile d'olive dans une poêle. Retirez-les du feu, ajoutez l'ail écrasé, le persil haché, les viandes hachées, liez cet appareil avec deux jaunes d'œuf, conservez-le en réserve.
Etendez votre pâte, détaillez des abaisses rondes, posez au centre la farce, dorez les bords avec un œuf battu, reposez une deuxième abaisse, soudez les bords, dorez.
Cuisez 20 minutes à four à 180/200°.

Le gigot à l'a

HUILE D'OLIVE VIERGE
DE PROVENCE
VAL DORE
Première Pression à Froid
Contenance : 1 Litre
3 1 DEC. 1987

Quichet

– Roustido –

INGRÉDIENTS

Anchois, 12
Vinaigre, 0,02 l
Huile d'olive, 0,1 l
Sel, poivre, p. m.
Pain, 12 tranches

Mistral *évoque « la roustido dóu moulin » qui était la collation qu'offrait le propriétaire d'un moulin à huile à ses ouvriers et qui consistait en tranches de pain imbibées d'huile vierge sur lesquelles on écrasait des anchois.*
« Nàutri, li bon Prouvençau
Marinado emé de sau
Esquichan l'anchoïo Les « Isclo d'Or »
– Nous autres, les bons Provençaux
Mariné avec du sel
Nous écrasons l'anchois

Dans un mortier, écrasez les anchois désarêtés, ajoutez un peu de vinaigre et l'huile d'olive.
Coupez le pain en tranches d'un centimètre d'épaisseur.
« Quicho » (presser) cette « anchoïade » sur la mie, puis faites griller côté mie-anchois.
Servez les tranches encore chaudes.

Pissaladière

INGRÉDIENTS
(6 à 8 personnes)

Pâte
Farine, 500 g
Huile, 5 cl
Eau, 1 dl
Levure de boulanger, 8 g
Œuf, 1 pièce
Sel, 10 g

Garniture
Oignons, 2 pièces
Huile d'olive, 2 dl
Ail, 3 gousses
Thym, p. m.
Anchois, 6 filets
Olives noires de Nice, 100 g

Faîtes une pâte à pain : mettez la farine en fontaine, ajoutez au centre la levure délayée dans l'eau, l'huile d'olive, l'œuf, le sel. Mélangez bien les ingrédients (la pâte doit être lisse). Laissez pousser dans un endroit tempéré.
Emincez finement les oignons, faites-les compoter à l'huile d'olive, ajoutez l'ail, le thym. Ils doivent être légèrement colorés.
Etalez la pâte en forme circulaire, disposez l'oignon et faites cuire à four moyen (180°). Décorez avec les filets d'anchois et les olives à la sortie du four.

cuisine de l'olive.

Olives vertes en saumure

Pesez des olives « Pichouline », versez-les au fond d'une jarre et couvrez-les d'une préparation faite d'un volume de potassium pour 9 volumes d'eau.
Brassez soigneusement les olives et posez un linge avec des cailloux, pour ne pas qu'elles « veillent » (remontent à la surface).
Laissez ainsi 8 heures.
Egouttez-les et lavez-les 3 fois par jour, pendant 8 jours.
Mettez-les dans une solution salée à 800 g de sel pour 10 kg d'olives.
Ces olives ne sont consommables qu'au bout d'une semaine.

Olives cassées

« óulivo cachado »

Sitôt après la cueillette, cassez sans les écraser les olives, à l'aide d'un maillet.
Faites-les tremper dans de l'eau froide renouvelée chaque jour pendant une semaine, afin d'ôter à l'olive son amertume.
Plongez-les ensuite dans une saumure à 8 % (800 g de sel pour 10 kg d'olives). Bien aromatiser avec fenouil et coriandre.

Olives noires piquées

« óulivo fachouiro »

« Fai me vèire uno óulivo à Sant Jan
T'en farai vèire milo à Toussant »

Piquez les olives à l'aide d'une fourchette, saupoudrez-les de sel fin et faites-les sauter dans un panier 3 ou 4 fois par jour pendant une semaine.
Versez-les dans un plat en grès, arrosez-les de bonne huile d'olive et parfumez-les avec du thym, du laurier et des gousses d'ail.

Tapenade

INGRÉDIENTS

Olives noires, 250 g
Anchois, 100 g
Câpres, 100 g
Huile d'olive, 1 dl
Thym, p. m.
Ail, 1 gousse

Pilez dans un mortier la pulpe d'olive, les filets d'anchois dessalés, les câpres, l'ail, le thym.
Lorsque vous obtenez une pommade, passez-la au tamis et incorporez-lui l'huile d'olive.

Aïoli

INGRÉDIENTS

Huile d'olive, 5 dl
Jaunes d'œufs, 2
Ail, 10 gousses
Sel, p. m.

Dans un mortier, réduisez les gousses d'ail en une pommade, à l'aide d'un pilon. Ajoutez le sel, les jaunes d'œufs et versez l'huile à petit filet, tout en tournant avec le pilon.
Si votre aïoli épaissit, incorporez un peu d'eau.

« L'aïoli grise légèrement, sature le corps de chaleur et baigne l'âme d'enthousiasme. Dans son essence, il concentre la force, l'allégresse du soleil de Provence. Autour d'un aïoli bien embaumé et roux comme un fil d'or, où sont, répondez-moi, les hommes qui ne se reconnaissent point frères ? » Frédéric Mistral

Grand aïoli

INGRÉDIENTS

Œufs, 6
Morue, 600 g
Epaule d'agneau, 1,5 kg
Pommes de terre, 6 pièces
Carottes, 12 pièces
Haricots verts, 600 g
Artichauts, 6 pièces
Pois chiches, 300 g
Bouquet garni, p. m.
Escargots, 36

Faites dessaler la morue 24 heures à l'eau courante, pochez-la dans un mélange d'eau et de lait aromatisé.
Faites durcir les œufs, cuire les escargots, les légumes et pocher l'agneau.
Servez tous ces éléments en même temps.

Ce plat est composé de différents éléments cuits séparément et servis autour d'un mortier de « pommade d'or ».

Rouille

INGRÉDIENTS

Ail, 3 gousses
Piments rouges, 1 pièce
Œuf, 2 jaunes
Huile d'olive, 25 cl
Soupe de poissons, 1 dl

Dans un mortier, écrasez l'ail et le piment. Lorsque vous obtenez un mélange qui a la consistance d'une pommade, ajoutez les jaunes et incorporez l'huile, en la versant lentement. Détendez votre sauce avec de la soupe de poissons réduite.

Socca

INGRÉDIENTS

Farine de pois chiches, 150 g
Huile d'olive, 5 cl
Eau, 1 l
Sel, 15 g

Délayez la farine de pois chiches dans de l'eau froide, ajoutez le sel et l'huile d'olive, passez au chinois pour éliminer les grumeaux.
Versez cet appareil dans une plaque circulaire bien huilée et chaude.
Faites cuire au four, la socca est prête lorsqu'elle est dorée.
Détaillez en morceaux et servez chaud.

ŒUFS

Œufs en tapenade

– « Ioú farci de Tapeno » –

INGRÉDIENTS

Olives noires, 200 g
Filets d'anchois, 100 g
Câpres, 200 g
Huile d'olive, 2 dl
Moutarde anglaise
Cognac, 3 cl
Ail, 1 gousse
Muscade, p.m.
Sel, poivre, p. m.
Œufs, 9 à 12

Pilez dans un mortier les 200 g de pulpes d'olives, les filets d'anchois, les câpres, la moutarde et l'ail.
Lorsque vous obtenez une pâte, passez-la au tamis.
Incorporez au fouet l'huile d'olive, le cognac, assaisonnez.
Faites durcir, rafraîchir les œufs. Ecalez-les. Puis, coupez-les en deux, longitudinalement, enlevez le jaune.
Broyez dans un mortier les jaunes, ajoutez-y la tapenade et éventuellement un peu d'huile pour avoir un appareil onctueux.
Garnissez les cavités des blancs d'œufs, soit à la poche, soit avec une cuiller.

Omelette aux truffes

– « Meleto (troucho) de Rabasso » –

INGRÉDIENTS

Truffe fraîche, 50 g
Œufs, 12
Huile d'olive, 5 cl
Beurre, 50 g
Sel, p. m.
Poivre, p. m.

Brossez, puis pelez la truffe.
Coupez les pelures en dés et la truffe en lamelles.
Cassez les œufs, battez-les, ajoutez-y les lamelles de truffes, assaisonnez, conservez-les au réfrigérateur une heure.
Dans une poêle, faites chauffer l'huile, ajoutez le beurre, versez les œufs.
Remuez, roulez et couchez l'omelette sur un plat.
Parsemez avec les pelures.

« Reguignèu »

INGRÉDIENTS

Jambon cru ou cuit, ou petit salé, 0,400 kg
Œufs, 6
Huile, 0,100 l

Mistral, *dans « Lou Tresor doù Felibrige », donne l'explication : « riblette, tranche mince de porc qu'on fait griller ou frire. v. chouio, regagno, omelette au lard, v. crespèu... »*
René Jouveau explique « le verbe reguigna veut dire : regimber, ruer, c'est-à-dire qu'il évoque quelque chose de rapidement fait, le temps d'une ruade ».
La recette ci-dessus est celle qu'il interprète dans « La Cuisine Provençale de Traditions Populaires ».

Prenez une tranche de lard, de jambon, ou de petit salé.
Trempez-la dans l'œuf battu.
Passez-la ensuite à la poêle dans une huile chaude.

Ce plat se mange très bien froid.

Omelette au lard

– « Loú crespèu » ou « Pescado » –

INGRÉDIENTS

Petit salé, 300 g
Œufs, 12
Huile d'olive, 1 dl
Sel, p. m.
Poivre, p. m.

Enlevez la couenne du petit salé, découpez-le en bâtonnets de 0,5 centimètre de côté, faites-les blanchir.
Dans la poêle, chauffez l'huile, faites-y revenir les lardons.
Versez dessus les œufs battus et assaisonnez.
Roulez l'omelette, ou si vous préférez les œufs bien cuits, retournez-la à mi-cuisson comme une crèpe.

La « Pescado » est l'omelette, plat traditionnel du Lundi de Pâques. Faite avec du lard, elle prend l'appellation de « crespèu » dans le langage de tous les jours.

Omelette « moissonnière »

– La «meissouneiro » –

INGRÉDIENTS

Oignons, 400 g
Clou de girofle, 2
Vinaigre, 5 cl
Huile d'olive, 1 dl
Œufs, 12
Sel, poivre, p. m.

Epluchez les oignons, piquez-les d'un clou de girofle, faites-les tremper dans de l'eau vinaigrée une demi-journée.
Ebouillantez-les, émincez-les.
Faites fondre à l'huile doucement, sans dépasser la couleur dorée, égouttez-les.
Battez et assaisonnez les œufs, ajoutez-y les oignons.
Chauffez l'huile dans la poêle, versez-y le mélange, faites une omelette plate et bien cuite.

Cette omelette aux oignons tient son nom de la tradition qu'avaient les moissonneurs de l'emporter dans leur « baisso » ; elle était mangée froide.

Omelette aux « pommes d'amour »

– « Loú gagamèu » –

INGRÉDIENTS

Tomates, 500 g
Huile d'olive, 2 dl
Oignons, 50 g
Ail, 1 gousse
Persil, p. m.
Œufs, 12
Sel, poivre, p. m.

Plongez les tomates 15 minutes dans de l'eau bouillante, puis dans de l'eau froide. Pelez-les, épépinez-les, coupez-les en dés.
Hachez finement l'oignon, faites-le revenir dans un peu d'huile d'olive.
Ajoutez la tomate, l'ail écrasé, le persil, assaisonnez.
Faites cuire jusqu'à ce qu'il n'y ait plus d'eau de végétation.
Cassez, battez les œufs, assaisonnez, mélangez le coulis de tomates.
Chauffez le reste d'huile dans une poêle, versez l'appareil, faites cuire, roulez ensuite votre omelette.

« Berlingueto »

INGRÉDIENTS

Recette n° 1
Epinards, 600 g
Huile d'olive, 15 cl
Oignons, 50 g
Anchois (filets), 8
Ail, 2 gousses
Persil, 10 g
Farine, 50 g
Lait, 5 dl
Œufs, 9
Chapelure, 100 g
Sel, poivre, p. m.

Plusieurs recettes portent ce nom, qui rappelle la spécialité de Carpentras. Mistral traduit ce terme par « œufs farcis avec des herbes hachées, hachis d'épinards avec des miettes de pain ».
Les deux recettes qui suivent diffèrent essentiellement par la composition de la farce.

Triez, lavez les épinards, faites-les blanchir, pressez-les, puis hachez-les.
Faites revenir dans l'huile l'oignon haché, ajoutez les filets d'anchois, l'ail et le persil haché, laissez cuire. Mettez les épinards, la farine, remuez et versez le lait bouillant, assaisonnez.
Faites durcir les œufs, puis écalez-les. Coupez-les en deux, dans le sens de la longueur.
Hachez les jaunes et ajoutez-les aux épinards.
Garnissez la cavité des œufs avec l'appareil obtenu.
Rangez-les dans un plat à gratin, saupoudrez de chapelure, arrosez d'un filet d'huile et faites gratiner.

« Berlingueto »

INGRÉDIENTS

Recette n° 2
Œufs, 9
Mie de pain, 200 g
Lait, 1 dl
Anchois (filets), 8
Ail, 1 gousse
Persil, 10 g
Basilic, 5 ou 6 feuilles
Huile, 1 dl
Chapelure, 100 g

Faites durcir les œufs, écalez-les, coupez-les en deux dans le sens de la longueur.
Faites tremper la mie de pain dans le lait.
Ecrasez ensemble les jaunes d'œufs durs, la mie de pain pressée, les filets d'anchois dessalés, l'ail, le persil et le basilic hachés.
Assaisonnez.
Garnissez la cavité des œufs.
Rangez-les dans un plat à gratin huilé. Saupoudrez de chapelure, arrosez d'un filet d'huile et faites gratiner.

Omelette à la brousse

INGRÉDIENTS

Œufs, 12
Brousse, 250 g
Lait, 1 dl
Ciboulette
Sel, p. m.
Poivre, p. m.
Huile d'olive, 1 dl

Vous pouvez remplacer la ciboulette par du basilic.

Coupez la brousse en petits dés, assaisonnez-les, gardez-les en réserve.
Emincez la ciboulette.
Cassez les œufs, ajoutez le lait, assaisonnez, battez le tout.
Faites chauffer l'huile d'olive dans une poêle, versez les œufs.
Lorsque l'omelette commence à prendre, mettez le fromage et la ciboulette au centre.
Roulez l'omelette.

Omelette aux artichauts

INGRÉDIENTS

Artichauts violets, 4 à 6 pièces
Huile d'olive, 15 cl
Œufs, 12
Sel, p. m.
Poivre, p. m.

Prenez de jeunes artichauts auxquels vous supprimez les premières feuilles, coupez-les en fines lamelles.
Faites-les revenir à l'huile, sans coloration, assaisonnez.
Lorsque les artichauts sont cuits, versez les œufs battus.
A mi-cuisson, retournez l'omelette qui doit être plate et bien cuite.

POISSONS, CRUSTACÉS, MOLLUSQUES

Bouillabaisse

Une bouillabaisse, pour être servie selon la règle usitée à Marseille, dans de parfaites conditions, demande au moins 7 à 8 convives. La raison, la voici : comme on emploie à sa confection une grande variété de poissons dits de roche, il est bon de la faire volumineuse pour y faire entrer le plus d'espèces possible.

Plusieurs de ces poissons ont un goût particulier, un parfum qui leur est propre. C'est de la combinaison de tous ces goûts différents que dépend le succès de l'opération. On peut certainement faire une bouillabaisse passable avec 3 ou 4 sortes de poissons, mais on conviendra avec nous de la justesse de l'observation ci-dessus.

Revenons à l'opération. Après avoir rassemblé le poisson nécessaire, tel que langouste, rascasse, grondin ou galinette, vive, roucaou, saint-pierre, vaudreuil ou baudroie, congre ou fielas, merlan, loup, crabes, etc., écaillez et videz. Coupez en tronçons et mettez sur deux plats ; sur l'un, le poisson ferme : langouste, rascasse, vive, grondins, fielas, baudroie, crabe ; sur l'autre, le poisson tendre : loup, roucaou, saint-pierre, merlan.

Mettez dans une casserole 3 oignons émincés, 4 gousses d'ail écrasées, 2 tomates pelées, épépinées et hachées, un brin de thym, autant de fenouil, persil, une feuille de laurier, un morceau d'écorce d'orange ; déposez dessus le poisson ferme, arrosez d'un 1/2 verre d'huile, mouillez un peu plus qu'à couvert avec de l'eau bouillante ; assaisonnez avec sel, poivre et safran, et faites partir le liquide en ébullition à feu très vif. La casserole doit entrer à moitié dans le fourneau, c'est-à-dire qu'elle doit être à moitié environnée de flammes. Après 5 minutes d'ébullition, ajoutez le poisson tendre, tel que loup, roucaou, etc. Continuez l'ébullition tojours vivement, encore 5 minutes, ce qui fait 10 minutes depuis le commencement de l'ébullition.

Retirez alors du feu, passez le liquide sur des tranches de pain de 1 centimètre et demi d'épaisseur, rangées dans un plat creux. Dressez symétriquement le poisson sur un autre plat.

Saupoudrez le tout de persil haché et envoyez en même temps. Observez surtout que la cuisson s'effectue vivement, c'est un des points essentiels ; par ce fait, l'amalgame de l'huile avec le bouillon a lieu et donne un jus parfaitement lié ; autrement, elle se séparerait du liquide et surnagerait à la surface, ce qui serait peu appétissant.

Nous nous sommes un peu étendu sur cet article, mais cette démonstration était nécessaire : sur dix livres de cuisine qui donnent cette recette, neuf d'entre eux ne la donnent qu'imparfaitement ; lorsque l'on vous dit, par exemple, de mettre tout le poisson en même temps dans la casserole et laisser cuire vivement pendant 15 minutes, il est inadmissible qu'un morceau de saint-pierre ou une tranche de merlan qui ont cuit pendant un quart d'heure à grands bouillons soient encore présentables. Infailliblement ce doit être en bouillie, ce poisson étant très délicat.

A. de Croze : *La cuisine des provinces de France.*

Bouillabaisse à la Roubillon (père)

Pour quatre ou cinq personnes.

Prendre environ un kilo et demi des poissons susnommés, en variant les qualités, autant que possible ; les dépouiller de leurs écailles et nageoires ; les laver avec de l'eau de mer ; les tailler ensuite en tronçons.

Puis, faire roussir avec de l'huile dans une casserole, un oignon, quatre ou cinq gousses d'ail, une pincée de persil, une ou deux tomates dépouillées de leur peau et graines, le tout haché grossièrement.

Trois minutes suffisent pour que l'huile prenne tous les parfums de ces aromates ; mettre les tronçons dans la casserole et les couvrir d'eau bouillante ; ajouter le sel, le poivre, une feuille de laurier, un léger bouquet de sommité de fenouil et le safran. On fait ensuite bouillir à grand feu pendant huit à dix minutes, en prenant garde que le poisson ne s'attrape pas au fond de la casserole ; pour cela, on la remue de temps en temps.

On déguste ensuite, pour s'assurer si elle est d'un bon sel ; on peut y ajouter du poivre de Cayenne (piments pilés) mais modérément.

La bouillabaisse est cuite, lorsqu'elle est légèrement liée par le mélange de l'huile avec l'eau, opéré pendant l'ébullition : alors on verse dans un plat le poisson et dans un autre plat le bouillon avec des tranches de pain. On sert tout de suite, car ce mets, moins que tout autre, ne supporte pas de retard.

Donc, en dehors des rascasses, ces trois cents grammes de poisson par personne peuvent être : rascasses blanches (uranoscopes), « roucau » (labre), vive vipère, poisson Saint-Pierre. Les rascasses et « roucau » seront écaillés, et s'ils sont très frais, ce dernier et le poisson Saint-Pierre seuls, seront vidés.

L'extrémité du museau de celui-ci sera en outre tranchée et jetée.

Un quart de litre d'eau froide, cinquante grammes d'oignons émincés, deux gousses d'ail écrasées, tout cela par personne, huile d'olive, coulis ou pommes d'amour finement hachées, sel, poivre en abondance, quelques bâtons de fenouil, laurier, safran assez généreusement, le poisson ; le tout sur gros feu jusqu'à ébullition, que l'on doit maintenir légère pendant un quart d'heure. Passer le bouillon, le verser sur des tranches de pain, et servir avec le poisson, telle est la traditionnelle bouillabaisse marseillaise des pêcheurs.

L'ébullition doit être très lente afin que l'aliment écaillé ne se désagrège pas sous l'effet du bouillonnement, et le départ à froid s'impose pour transporter, par solution, dans le bouillon – qui d'accessoire va devenir principal – les sucs parfumés du poisson. Et si d'aucuns déplorent l'absence de merlan ou baudroie, lesquels se mangent sans appréhension parce que sans arêtes, je répondrai qu'il n'est pas interdit à l'hôte de faire, à la cuisine, détacher les filets, et servir seulement ceux-ci, dépouillés de leurs arêtes, afin de pouvoir les manger proprement, à la fourchette.

C'est un conseil que je donne, et que je suis.

Notre Bouillabaisse

INGRÉDIENTS

Poissons de soupe, 1 kg
Galinette, 3 pièces
Fiélas, 6 tranches
Baudroie, 6 tranches
Vive, 3 pièces
Saint-Pierre, 1 kg
Rascasse, 3 pièces
Cigale de mer, 6 pièces
Oignons, 400 g
Ail, 100 g
Tomates, 1 kg
Thym, laurier, p. m.
Fenouil, 400 g
Ecorce d'orange, p. m.
Huile d'olive, 2 dl
Safran, p. m.
Sel, poivre, p. m.
Pommes de terre, 600 g

Marquez un fond de soupe : sur un feu soutenu, faites blondir l'oignon, le fenouil, l'orange, le thym, le laurier, dans l'huile. Ajoutez l'ail, les tomates, les poissons de soupe, mouillez, portez à ébullition. Maintenez-la 1 heure environ.
Passez cette soupe.
Pendant ce temps, faites mariner les poissons avec le safran et un filet d'huile d'olive.
Peu de temps avant de passer à table, faites cuire les poissons selon leur fermeté et les pommes de terre avec le bouillon.
Servez séparément la soupe, le poisson dans un plat creux, des croûtons aillés et grillés et de la rouille.

Bouillabaisse de morue

INGRÉDIENTS

Morue, 1,200 kg
Huile d'olive, 1 dl
Oignons, 150 g
Tomates, 400 g
Bouquet garni, 1
Ail, 3 gousses
Fenouil, 1 branche
Ecorce d'orange, 1
Pommes de terre, 1 kg
Pain de campagne
Safran, p. m.
Sel, poivre, p.m.

Faites dessaler la morue 24 heures en l'immergeant dans de l'eau renouvelée sans cesse.
Coupez les nageoires, coupez-la en gros morceaux ensuite.
Faites blondir à l'huile d'olive l'oignon haché, ajoutez la tomate pelée et hachée ou du coulis, le bouquet garni, l'ail écrasé, le fenouil, l'écorce d'organe, le safran.
Mouillez avec 2 l d'eau bouillante, ajoutez les pommes de terre coupées en rondelles épaisses, laissez cuire 10 minutes.
Adjoignez les morceaux de morue. Laissez bouillir à découvert jusqu'à cuisson complète du poisson.
Faites griller les tranches de pain.
Dressez : le bouillon sur des tranches de pain en soupière, la morue et les pommes de terre en couronne dans un autre plat.

Bourride

INGRÉDIENTS

Baudroie, Loup, Merlan, Daurade, 1,5 à 2 kg
Oignons, 300 g
Thym, p. m.
Fenouil, 200 g
Ecorce d'orange, p. m.
Sel, poivre, p. m.
Ail, 2 gousses
Jaunes d'œufs, 2
Huile d'olive, 5 dl
Pain, p. m.
Jaunes d'œufs, 8

Préparez les poissons : videz, écaillez, lavez et tronçonnez les différents poissons blancs.
Emincez l'oignon, le fenouil, préparez un bouquet garni, otez la partie blanche de l'écorce d'orange.
Mettez dans un récipient large l'oignon et les aromates, rangez dessus le poisson, mouillez à hauteur et faites pocher.
Pendant ce temps, préparez l'aïoli : réduisez en pommade les gousses d'ail, ajoutez 2 jaunes. Incorporez l'huile d'olive petit à petit.
Réservez le poisson dans un peu de bouillon. Passez le restant sur les jaunes d'œufs. Incorporez l'aïoli, replacez sur feu très doux. Le bouillon doit s'épaissir comme une crème.
Versez cette soupe sur les tanches de pain légèrement grillées.
Servez le poisson à part, avec le reste d'aïoli, en saucière.

Brandade

– « Brandado » ou « Gangasso » –

INGRÉDIENTS

Morue, 1,6 kg
Huile, 50 cl
Lait, 30 cl
Ail
Citron, 1 pièce
Poivre, p. m.
Baguette, 180 g

Faites dessaler la morue 12 heures. Faites-la pocher 10 minutes dans de l'eau à frémissement. Egouttez-la. Avec soin, enlevez peau et arêtes.
Effeuillez la morue dans un récipient (frotté d'ail) placé sur feu doux. Pilez-la avec une spatule en bois en incorporant petit à petit l'huile tiède.
De temps en temps, versez un peu de lait tiède pour l'assouplir.
Rectifiez l'assaisonnement en ajoutant un jus de citron et du poivre.
Servez la brandade entourée de croûtons et, si vous le souhaitez, avec des lames de truffes.

« La merlusso quau l'amo pas, la suço » (la morue, celui qui ne l'aime pas, la suce).
La morue figure parmi les présents que les santons offrent à l'Enfant-Jésus. Elles est apportée par le plus simple d'entre eux : le ravi ».

Desserts provenç

Capitolade

INGRÉDIENTS

Morue, 1,6 kg
Huile d'olive, 15 cl
Oignons, 300 g
Vinaigre, 5 cl
Farine, 100 g
Câpres, 100 g
Bouquet garni, p. m.
Poivre, p. m.
Ail, 1 gousse

Dessalez la morue, coupez-la en morceaux.
Faites frire ces morceaux à l'huile, égouttez-les.
Par ailleurs, préparez la sauce : faites revenir à l'huile l'oignon haché, versez le vinaigre et faites réduire de 3/4, ajoutez la farine, mouillez avec 3/4 de litre d'eau et délayez bien au fouet.
Mettez les câpres, la gousse d'ail et le bouquet garni. Laissez cuire 20 minutes.
Lorsque la sauce est prête, versez-la sur la morue et finissez la cuisson (30 minutes environ).

Catigot d'anguilles

INGRÉDIENTS

Anguilles, 1,5 kg
Huile d'olive, 10 cl
Oignons, 150 g
Bouquet garni, 1
Ecorce d'orange, p. m.
Vin rouge, 5 dl
Ail, 2 gousses
Farine, 40 g
Piment rouge

Videz et pelez les anguilles (grosses de préférence). Lavez-les, coupez-les en tronçons d'égale grosseur.
Faites revenir à l'huile l'oignon haché, ajoutez la farine, mouillez avec le vin rouge, puis ajoutez l'ail haché, l'écorce d'orange, le bouquet garni, le piment rouge et ensuite les morceaux d'anguilles.
Assaisonnez. Complétez le mouillement avec l'eau.
Faites cuire à gros bouillons 20 minutes, puis servez très chaud.

« Plèr de pouèto – que, desempièi lou matin, pantaiavian que bèlli e nòblis Arlatenco, i'avié de que demoura nè... Mai enfin, ié sian ? Ié sian.
– Counenco, aquéli moussu voudrien soupa eici.
– Oh ! ço, mai, patroun Gafet, ié pensas pas, belèu ! Quau diable anas nous carreja ? N'avèn pas rèn, nous-autre, pèr de gènt coume acò...
– hèi ! bedigasso, as pas un bèu tian de pougau, auqi !
– Ah ! s'un catigot d'anguielo ié fai sa felicita... Mai vesès, n'avèn rèn autre.
– Hou ! s'escridè Daudet, i'a rèn que tant amen coume lou catigot : intren, e vous, mèste Gafet, vous counvidan à vous entaula 'mé nous-autre ».
Frédéric Mistral : *Mémoires et récits - La Ribote de Trinquetaille*

Traduction
Pour des poètes qui, depuis le matin, ne rêvions que de belles et nobles Arlésiennes, il y avait de quoi demeurer interdits... Mais, enfin, nous y étions.
– Counënque, ces messieurs voudraient souper ici.
– Oh ! ça, mais, patron Gafet, vous n'y pensez pas, sans doute ? Qui diable nous charriez-vous ? Nous n'avons rien, nous autres, pour des gens comme ça...
– Voyons, nigaude, n'as-tu pas là un superbe plat d'anguilles !
– Ah ! si un catigot d'anguilles peut faire leur félicité... Mais, voyez, nous n'avons rien d'autre.
– Ho ! s'écria Daudet, rien que nous aimions tant que le catigot. Entrons, entrons, et vous, maître Gafet, veuillez bien vous attabler, nous vous en prions, avec nous autres.

fromages de Provence.

Daurade à l'oursinado

INGRÉDIENTS

Daurade, 1,600 kg
Vin blanc, 4 dl
Oignons, 200 g
Carottes, 300 g
Persil, p. m.
Bouquet garni, p. m.
Poivre en grains, p. m.
Sel, p. m.
Oursins, 24 pièces
Beurre, 150 g
Œufs (jaunes), 4

Préparez un court-bouillon : mettez le vin blanc, l'eau, l'oignon et les carottes en rondelles, le bouquet garni, le sel, dans un récipient. Portez le tout à ébullition et laissez cuire 15 minutes. Ajoutez les grains de poivre et laissez refroidir.
Faites cuire la daurade vidée et écaillée dans le court-bouillon : portez à ébullition et laissez cuire à feu doux 15 minutes.
Pendant ce temps, faites fondre le beurre, ajoutez un peu de cuisson du poisson. Versez ce mélange sur les jaunes et faites cuire sans ébullition comme une crème anglaise. Ajoutez alors le corail d'oursins, fouettez la sauce.
Dressez la daurade entourée de sauce, décorez avec quelques langues de corail d'oursins.

Esquinado toulounenco

INGRÉDIENTS

Crabes, 6 pièces
Vinaigre, 1 dl
Poivre en grains, 10 g
Thym, laurier, p. m.
Moules, 1,6 kg
Vin blanc, 1 dl
Oignons, 100 g
Huile, 5 cl
Farine, 50 g
Lait, 25 cl
Mie de pain, 200 g

Faites cuire les crabes dans de l'eau bouillante vinaigrée, additionnée de thym et laurier.
Videz-les, réservez les chairs coupées en dés.
Pilez au mortier les œufs et les intérieurs.
Ouvrez les moules au vin blanc, décortiquez-les et coupez-les, ajoutez-les aux chairs.
Faites chauffer l'huile, ajoutez la farine, mouillez avec le lait et autant de jus de moules.
Ajoutez à cette sauce les œufs et les intérieurs pilés, puis les moules et les chairs de crabes.
Garnissez alors les carapaces, saupoudrez de mie de pain et de quelques gouttes d'huile.
Gratinez au four.

Merlan à la toulonnaise

INGRÉDIENTS

Merlan, 1,2 kg
Farine, 100 g
Huile, 5 cl
Moules, 1 kg
Vin blanc, 1 dl
Echalotes, 30 g
Bouquet garni, p. m.
Beurre, 40 g
Farine, 40 g
Tomates, 800 g

Videz, lavez les merlans, réservez-les. Hachez les échalotes. Nettoyez les moules, faites-les cuire. Liez la cuisson avec un beurre manié, versez la préparation sur les moules.
Faites un coulis de tomates auquel vous ajoutez la sauce des moules.
Faites sauter les merlans à la poêle, rangez-les dans un plat, nappez de sauce et disposez ensuite les moules autour.

Friture de melet

Ce sont des anchois encore jeunes, pêchés au printemps ou à l'approche des premiers froids.
Lavez-les à l'eau de mer, égouttez-les.
Farinez-les et jetez-les dans le sartan (poêle) où l'huile est très chaude, retournez comme une crèpe, versez sur un plat.
Arrosez d'un filet de vinaigre ou d'un jus de citron.

Morue en « raïto »

INGRÉDIENTS

Morue, 1,6 kg
Oignons, 250 g
Huile d'olive, 10 cl
Farine, 150 g
Vin rouge, 5 dl
Ail, 2 gousses
Bouquet garni, p.m.
Tomates (purée), 600 g
Câpres, 50 g
Olives noires, 150 g

Faites dessaler la morue, coupez-la en carrés que vous farinez et faites frire à l'huile d'olive. Egouttez-les.
D'autre part, faites revenir à l'huile l'oignon haché, ajoutez la farine (80 g), mouillez avec le vin et autant d'eau bouillante.
Remuez, ajoutez l'ail, le bouquet garni, la purée de tomates.
Assaisonnez et faites cuire 30 minutes.
Mettez la morue avec les câpres et les olives, versez au-dessus la sauce et faites mijoter 10 minutes avant de servir.

La « raïto » est selon la tradition d'origine ionienne, importée par les Phocéens à Massilia.

Mostèle panée

INGRÉDIENTS

Mostèle, 1 pièce de 1,5 kg
Beurre, 100 g
Pain de mie, 200 g
Sel, p. m.

Videz, lavez la mostèle, ouvrez-la sur le dos afin d'enlever l'arête centrale.
Dans un plat long beurré, placez la mostèle sur le ventre, assaisonnez-la.
Saupoudrez la chair de mie de pain passée au tamis, arrosez avec le restant de beurre fondu.
Passez à four chaud (210°) quelques minutes, accompagnez de citron.

Pourprihouns aux pommes d'amour

INGRÉDIENTS

Poulpes (petits), 6 pièces
Huile d'olive, 5 cl
Oignons, 100 g
Tomates, 1,200 kg
Vin blanc, 2 dl
Bouquet garni, p. m.
Ail, 2 gousses
Persil, 20 g

Otez les yeux et la bouche des poulpes. Faites-les dégorger, coupez-les en tronçons, ébouillantez-les.
Faites revenir l'oignon haché, jetez les morceaux de poulpes et laissez colorer.
Mouillez avec le vin, ajoutez les tomates pelées, épépinées et hachées, un bouquet garni. Complétez le mouillement avec de l'eau. Assaisonnez.
Laissez cuire à couvert, à petit feu, 2 heures environ.
Avant de servir, otez le bouquet garni, saupoudrez d'ail et persil hachés finement.

Rouget grillé

INGRÉDIENTS

Rouget de roche
Huile d'olive

« Le rouget sans son foie, c'est :
Paganini sans son violon,
Rubens sans son pinceau,
Et Victor Hugo sans Juliette Drouet »
Léon Daudet

Ce poisson, surnommé aussi « bécasse de mer » se grille sans être écaillé, car les écailles forment une enveloppe naturelle qui protège la chair pendant la cuisson.
De même, il n'est pas vidé et est servi avec un filet d'huile d'olive. Les amateurs la délaye avec le foie pour le déguster.

Rougets niçoise

INGRÉDIENTS

Rouget de 150 g, 12 pièces
Farine, 40 g
Huile d'olive, 15 cl
Tomates, 800 g
Oignons, 100 g
Ail, 3 gousses
Olives noires, 150 g
Anchois, 12 filets

Faites une tomate concassée : pelez, épépinez et hachez les tomates. Hachez finement l'oignon, faites-le revenir dans 5 cl d'huile d'olive, ajoutez la tomate, l'ail écrasé, laissez cuire.
Nettoyez, écaillez les rougets.
Assaisonnez et farinez les poissons, faites-les sauter dans l'huile d'olive.
Disposez-les dans un plat, nappez avec la tomate, ajoutez les olives. Passez au four quelques minutes, décorez avec les anchois.

Rouget provençale

INGRÉDIENTS

Rougets, 12 pièces de 150 g
Huile, 1 dl
Oignons, 80 g
Tomates, 800 g
Ail, 2 gousses
Bouquet garni, 1
Vin blanc, 1 dl
Farine, 40 g

Ecaillez les rougets sans les vider, roulez-les dans la farine. Faites saisir les rougets à la poêle 3 minutes, ils ne doivent pas être totalement cuits. Réservez.
Faites blondir l'oignon haché dans l'huile des poissons. Ajoutez la farine. Laissez cuire quelques instants. Mouillez avec le vin blanc et un peu d'eau. Ajoutez la tomate pelée, épépinez et hachée, l'ail, le bouquet garni, assaisonnez et laissez cuire 20 minutes.
Versez la sauce dans un plat à gratin dans lequel vous aviez rangé les rougets , passez-les au four 10 minutes pour terminer la cuisson.

Sardines farcies

INGRÉDIENTS

Sardines, 30 pièces de 50 g
Epinards, 1 kg
Oignons, 50 g
Huile d'olive, 5 cl
Ail, 1 gousse
Œuf, 1
Panure

Nettoyez les sardines, écaillez-les, étêtez-les et ouvrez-les par le ventre pour enlever l'arête. Etendez-les sur un linge, côté peau en dessous. Assaisonnez.
Préparez la farce : lavez les épinards, blanchissez-les, pressez-les avant de les hacher. Faites revenir à l'huile l'oignon finement haché, ajoutez les épinards, laissez cuire 10 minutes. Liez avec l'œuf et ajoutez l'ail haché.
A l'aide d'une cuiller, posez un peu de farce sur chaque sardine et roulez-les sur elles-mêmes (en allant de la tête vers la queue).
Dans un plat à gratin huilé, mettez une couche d'épinards, disposez les sardines, saupoudrez de panure, arrosez d'un filet d'huile et passez à four chaud.

Sardines à l'escabèche

INGRÉDIENTS

Sardines, 1 kg
Huile d'olive, 5 dl
Oignons, 300 g
Ail, 10 g
Romarin, p. m.
Thym, p. m.
Laurier, p. m.
Persil, p. m.
Poivre, p. m.
Vinaigre, 2 dl
Sel, p. m.

Videz les sardines en supprimant la tête, saisissez-les à l'huile d'olive. Retournez-les. Finissez la cuisson avant de les débarrasser dans un plat creux.
Dans l'huile de cuisson, ajoutez l'oignon en lamelles, l'ail non épluché, les herbes, mouillez avec le vinaigre, assaisonnez et donnez 10 minutes d'ébullition. Laissez refroidir.
Versez cette marinade sur les sardines qui devront attendre 2 ou 3 jours avant d'être parfumées et consommées.

Sartanado d'anguilles

INGRÉDIENTS

Anguilles (petites), 1,8 kg
Farine, 100 g
Huile, 15 cl
Ail, 6 gousses
Persil, 25 g
Sel, p. m.
Poivre, p. m.

Prenez de petites anguilles que vous écorchez et coupez en tronçons.
Faites chauffer dans la poêle l'huile et jetez-y les morceaux d'anguilles assaisonnées et farinées. Laissez dorer et cuire 8 minutes environ.
Ajoutez-y alors l'ail et le persil haché. Donnez deux tours de poêle et servez.

Stockfisch provençale

INGRÉDIENTS

Morue
Huile d'olive
Oignons
Ail
Tomates
Pommes de terre
Vin blanc
Sel, poivre
Bouquet garni
Olives noires

La veille, faites dessaler la morue.
Le jour, égouttez-la et détaillez-la en petits morceaux.
Faites blondir dans l'huile d'olive l'oignon émincé, ajoutez les morceaux de morue, laissez revenir à feu doux.
Ajoutez les tomates pelées, épépinées, concassées, l'ail, le bouquet garni, assaisonnez.
Mouillez avec le vin blanc, couvrez avec de l'eau, faites cuire 40 minutes environ.
Ajoutez les pommes de terre coupées en rondelles épaisses qui cuiront dans la sauce.
Servir chaud.

Tautènes farcis

INGRÉDIENTS

Farce
Encornets, 6 à 12 pièces
Huile, 5 cl
Oignons, 100 g
Tomates, 800 g
Mie de pain, 200 g
Persil, 20 g
Ail, 2 gousses

Sauce
Œufs, 2
Farine, 40 g
Vin blanc, 2 dl
Oignons, 150 g
Tomates, 500 g

Prenez des encornets (nettoyés), lavez-les, coupez les tentacules.
Préparez la farce : faites revenir à l'huile l'oignon haché, ajoutez les tentacules hachées, les tomates pelées et hachées, la mie de pain, le persil et l'ail haché, assaisonnez et liez avec deux jaunes d'œufs.
Remplissez les calottes des tautènes avec cette farce et cousez-les.
Par ailleurs, faites revenir à l'huile l'oignon haché, ajoutez la farine, mouillez avec le vin blanc, assaisonnez.
Disposez les tautènes dans le plat contenant la sauce et laissez mijoter.

Thon en chartreuse

INGRÉDIENTS

Thon, 1,2 kg
Vinaigre, 1 dl
Anchois salés, 4 pièces
Huile, 15 cl
Oignons, 200 g
Tomates, 1 kg
Laitue, 400 g
Oseille, 200 g
Vin blanc, 2 dl
Ail, p. m.
Bouquet garni, p. m.
Citron, 1 pièce
Sel, poivre, p. m.

Faites dégorger la rouelle de thon dans de l'eau vinaigrée.
Faites saisir à l'huile le poisson sans coloration. Réservez-le, puis piquez-le à l'anchois.
Versez dans le récipient l'oignon émincé ; 5 minutes après ajoutez la tomate pelée, épépinée, coupée en tranches, la laitue et l'oseille émincées, l'ail, le bouquet garni. Mouillez avec le vin blanc, assaisonnez et laissez cuire.
Lorsque les légumes sont cuits, recouvrez-en le fond d'un plat à gratin, placez le thon et recouvrez-le du reste de légumes et du fond de cuisson.
Ajoutez 3 ou 4 tranches de citron et passez à four doux (160°) pendant 20 minutes.

Tian de sardines

INGRÉDIENTS

Sardines, 1 kg
Epinards, 2 kg
Huile d'olive, 1 dl
Œufs, 2 pièces
Fromage rapé, 100 g
Chapelure, 50 g
Riz, 50 g
Thym, p. m.
Sel, p. m.

Videz les sardines, étêtez-les, ouvrez-les par le ventre et otez l'arête centrale.
Triez et lavez soigneusement les épinards, ciselez-les.
Faites-les fondre à l'huile d'olive, assaisonnez.
Faites crever le riz dans de l'eau bouillante (durant 15 minutes), égouttez-le.
Prenez une terrine, cassez et battez les œufs, ajoutez le riz, les épinards, le fromage.
Alternez, dans un plat à gratin huilé, un lit de légumes, une couche de filets de sardines, en finissant par les épinards. Saupoudrez de chapelure, cuisez et gratinez au four chaud (210°), 20 minutes environ.

Escargots à la « suçarello »

« Lei limaço »

INGRÉDIENTS

Mourguettes, 120 pièces
Sel, p. m.
Vinaigre, 4 dl
Bouquet garni, 1
Fenouil (branche), 1
Oignons, 200 g
Huile d'olive, 5 cl
Chair à saucisse, 250 g
Tomates, 500 g
Ail, 3 gousses,
Persil, 10 g
Vin blanc, 5 dl
Chapelure, 100 g

Prenez les escargots, faites-les dégorger 12 heures avec deux poignées de gros sel et du vinaigre.
Mettez-les à cuire dans de l'eau salée avec un gros bouquet garni et une branche de fenouil. Le temps de cuisson doit être d'environ 2 h 30. L'escargot est cuit lorsqu'il est facile de le sortir de sa coquille.
Egouttez-les, incisez la coquille à la partie opposée de l'orifice.
Préparez la sauce.
Dans un poêlon, faites revenir à l'huile d'olive l'oignon haché, la chair à saucisse (maigre). Ajoutez les tomates pelées, épépinées et hachées, l'ail et le persil hachés. Mouillez avec du vin blanc, versez les escargots et couvrez d'eau, assaisonnez.
Faites cuire à petit feu 1 heure. Au dernier moment, liez la sauce avec la chapelure.

« Lei limaço », vendus dans les rues de Marseille par une marchande immortalisée par les santonniers, sont une espèce de petits escargots dont la chair est fine. Les autres appellations de ces gastéropodes sont : cacalauso, mourgueto.
« Suçarello » signifie « aspirer ». Pour bien apprécier cette recette, il convient donc de manger ces escargots en les aspirant.

VIANDES, VOLAILLE, GIBIER

« Carbounado »

INGRÉDIENTS

Rouelles de mouton, 6 pièces
Ail, 3 gousses
Lard, 50 g
Huile d'olive, 5 cl
Sel, poivre, muscade, p. m.
Laurier, p. m.
Carottes, 300 g
Oignons grelots, 150 g
Tomates, 200 g
Navets, 100 g
Céleri branche, 50 g
Vin blanc, 1 dl
Haricots blancs, 300 g
Artichauts, 200 g

Piquez les rouelles d'ail.
Faites fondre le lard gras dans une marmite d'Aubagne, ajoutez l'huile et faites revenir vos rouelles d'agneau, assaisonnez, ajoutez le laurier, les petits oignons, les navets et carottes en dés, la pomme d'amour, le céleri.
Faites sauter ensemble, mouillez de vin blanc, couvrez hermétiquement et laissez mijoter 2 h 30, sans découvrir.
Cuisez, par ailleurs, les haricots et de petits artichauts.
Ajoutez-les dans votre marmite et finissez de cuire 30 minutes avant de servir.

Célébré par Mistral dans « Poème du Rhône » et par Daudet dans « Le Petit Chose ».

Daube de mouton provençale

INGRÉDIENTS

Mouton (épaule), 1,500 kg
Oignons, 200 g
Carottes, 400 g
Ail, p. m.
Bouquet garni, p. m.
Ecorce d'orange, p. m.
Huile, 5 cl
Vin blanc, 2 dl
Clou de girofle, 1
Lard, 100 g

Coupez la viande en morceaux de 80 g.
Mettez-les à mariner 6 h avec les légumes dans le vin blanc.
Faites fondre dans une daubière le lard, ajoutez les morceaux de mouton que vous laisserez colorer.
Versez la marinade avec ses ingrédients.
Faites partir à feu vif jusqu'à ébullition. Baissez le feu pour cuire lentement 4 h.

Gardiane « d'agneau »

INGRÉDIENTS

Côtelettes, 12 pièces
Huile, 5 cl
Pommes de terre, 1,200 kg
Ail, 4 gousses
Bouquet garni, p. m.
Persil, 50 g

Faites revenir les côtelettes.
Ajoutez les pommes de terre coupées en tranches, l'ail pilé, le bouquet garni, le persil haché.
Assaisonnez, couvrez d'eau, laissez mijoter 45 minutes.

Gigot à la crème d'ail

INGRÉDIENTS

Gigot, 1 pièce de 2 kg
Ail, 4 têtes
Pain de campagne

Faites rôtir le gigot (30 minutes à une température de 200°). En fin de cuisson, faites un jus (caramélisez les sucs, dégraissez, mouillez à l'eau, ajoutez le thym et passez).
Epluchez l'ail, le blanchir 3 fois.
Faites-le cuire dans du bouillon, après cuisson passez l'ail au tamis et délayez cette purée dans un peu de jus du gigot. Vous obtiendrez une crème assez consistante.
Servez le gigot en tranches, le pain grillé et la crème à part.

« Broufado »

INGRÉDIENTS

Bœuf, 1,200 kg
Ail, 3 gousses
Oignons, 300 g
Vinaigre, 5 cl
Câpres, 200 g
Farine, 20 g
Anchois, 6 filets
Huile d'olive, 2 dl

Placez dans un poêlon huilé, par couches, les oignons émincés, l'ail haché, la viande, assaisonnez, saupoudrez de farine.
Couvrez et laissez cuire doucement pendant 30 minutes.
Pendant ce temps, hachez les anchois, les câpres, délayez avec le vinaigre et l'huile.
Versez cette préparation sur la viande, mélangez et faites cuire 1 heure.

« Chouio »

INGRÉDIENTS

Bœuf, 1,200 kg
Oignons, 150 g
Huile d'olive, 5 cl
Filets d'anchois, 6 pièces
Vinaigre, 1 dl
Ail, 3 gousses
Thym, laurier, p. m.
Clou de girofle, 1
Sel, poivre, p. m.
Farine, 30 g
Bouillon, 5 l
Cornichons, 50 g
Câpres, 10 g

Faites griller ou sauter vos tranches de bœuf. Servez avec la sauce suivante.
Colorez à l'huile l'oignon finement haché, ajoutez les filets d'anchois dessalés et hachés, déglacez au vinaigre, incorporez alors les gousses d'ail, les aromates, faites réduire.
Saupoudrez de farine, remuez et versez peu à peu le bouillon.
Laissez cuire 20 minutes. Au moment de servir, ajoutez les câpres et les cornichons hachés finement.

Daube de bœuf

« Adobo »

INGRÉDIENTS

Bœuf « galinette », morceaux de 100 g, 12 pièces
Pied de veau, 1 pièce
Ail, 3 gousses
Laurier, p. m.
Clou de girofle, 1
Orange, 1 zeste
Sel, poivre, p. m.
Bouquet garni, p. m.
Vin, 1 l
Oignons, 2 pièces
Carottes, 3 pièces
Lard, 100 g
Vinaigre

Faites mariner une nuit les morceaux de viande avec les légumes, le vin et le vinaigre.
Faites fondre le lard haché dans la daubière en terre, ajoutez l'oignon émincé, les morceaux de viande, laissez colorer.
Mouillez avec les autres éléments de la marinade (liquide, légumes), n'oubliez pas l'écorce d'orange.
Faites partir à gros bouillon, ajoutez 1/2 l d'eau.
Fermez hermétiquement, ajoutez l'eau dans le couvercle, cuire à petit feu 5 heures.

« Biou à l'adobo, que lou lausié perfumo dins la glouto »
Mistral « Poème du Rhône » *(daube de bœuf que le laurier parfume dans la marmite)*

Gardiane de bœuf

INGRÉDIENTS

Bœuf (paleron), 1,5 kg
Lard, 100 g
Oignons, 200 g
Bouquet garni, 1
Clou de girofle, 1
Ecorce d'orange, p. m.
Olives vertes et noires, 300 g

Coupez le bœuf en morceaux de 70 g.
Faites colorer dans le lard gras fondu l'oignon haché, ajoutez la viande, laissez dorer.
Mettez la garniture aromatique (bouquet garni, clou de girofle, écorce d'orange), les olives vertes et noires. Mouillez à hauteur d'eau.
Faites mijoter à feu doux.

Boudin aux épinards

INGRÉDIENTS

Boyaux de porc, 1,5 kg
Epinards frais, 2 kg
Sang de porc, 4 l
Panne de porc, 400 g
Ail, 4 gousses
Thym, p. m.
Lait, 4 dl
Sel, poivre, p. m.
Huile d'olive, 2 dl

Faites blanchir les épinards, égouttez-les, hachez-les finement.
Faites fondre la panne de porc, ajoutez l'ail haché, les épinards, puis le sang. Incorporez alors l'assaisonnement, le lait, le thym, l'huile d'olive.
Formez les boudins, en remplissant les boyaux à l'aide d'un entonnoir à boudin.
Mettez en cuisson dans un chaudron d'eau bouillante à 80°, pendant 20 minutes environ.

Caillette

INGRÉDIENTS

Crépine, 200 g
Foie de porc, 500 g
Epinards, 500 g
Lard gras, 250 g
Persil, 50 g
Ail, 4 gousses
Sauge, p. m.
Sel, poivre, p. m.
Huile d'olive, 1 dl

Faites blanchir, puis rafraîchir les feuilles d'épinards. Exprimez l'eau en les pressant avant de les hacher.
Hachez ou coupez en lanières le foie et le lard.
Mélangez la viande et les épinards. Assaisonnez, incorporez l'ail, le persil haché, la sauge.
Faites des boules de farce, habillez-les de crépine, surmontez-les d'un brin de sauge.
Posez-les dans un plat creux en terre. Arrosez-les d'huile d'olive et faites cuire à four doux.

Porc à la sauge

INGRÉDIENTS

Carré de porc, 1,8 kg
Ail
Sauge, 10 feuilles
Huile d'olive, 5 cl
Sel, poivre, p. m.

Faites désosser le carré par le boucher.
Assaisonnez et saupoudrez l'intérieur de sauge, ficelez.
Faites rôtir (température de 160° durant 1 h 30 environ), servez avec une purée d'ail.

Fricassée

« fricassèio » - « fricassado »

INGRÉDIENTS

Panne de porc, 200 g
Maigre de porc, 1,250 kg
Sauge, p. m.
Ail, 2 gousses
Sel, poivre, p. m.

Coupez la panne et le maigre en petits dés.
Faites frire doucement dans une poêle chaude, sans cesser de remuer.
Assaisonnez (sel, poivre, sauge, une pointe d'ail).
Servez chaud.

En Provence, le porc est appelé « l'habillé de soie », son sacrifice entraîne le « présent » aux voisins. La fricassée et le boudin sont le plus souvent offerts.

Bécasse

Gibier de roi, seule la cuisson « rôtie à la broche » fait l'unanimité pour ce mets délicat.
Il est bien connu qu'on ne la vide jamais et qu'elle doit être consommée faisandée. Plumez, flambez, troussez et bardez-la, enfilez-la sur une broche. Exposez-la aux rayons d'un feu bien nourri avec des tranches de pain dessous pour recevoir les déjections.
Dès la fin de la cuisson, ouvrez-la et écrasez les intérieurs sur le pain. Servez les morceaux de bécasse dessus.

« Quand passo la becasso,
Aquéu vai à la casso,
Aquéu la fricasso,
Aquéu la boulis,
Aquéu la roustis,
Lou pichot richiéu-chiéu
Dis : ço qu'arrape es miéu »

Quand passe la bécasse,
Celui-là va à la chasse,
Celui-là la fait frire,
Celui-là la bouillit,
Celui-là la rôtit,
Le petit oiseau chanteur
Dit : ce qui est mieux, c'est de la prendre.

« Quau vai souvènt en casso
A la fin tuo la becasso ».

Celui qui va souvent à la chasse
A la fin tue la bécasse.

Garenne en gibelotte

INGRÉDIENTS

Lapin de garenne, 1 pièce
Huile d'olive, 1 dl
Oignons, 200 g
Farine, 50 g
Vin blanc, 3 dl
Bouillon, 2 dl
Bouquet garni, p. m.
Ail, 2 gousses

Détaillez le lapin, assaisonnez-le.
Faites revenir à l'huile d'olive vos morceaux, en ajoutant dès le début l'oignon haché fin. Ni l'oignon, ni le lapin ne devront roussir.
Saupoudrez avec la farine, mouillez avec le vin blanc et autant de bouillon en remuant pour diluer la farine.
Ajoutez l'ail écrasé, le bouquet garni, laissez cuire à petit feu.
Le lapin étant cuit, sortez les morceaux, passez la sauce dessus et servez.

Lapin en paquets

« Paquetoùn de counieù »

INGRÉDIENTS

Lapin, 1 pièce
Tomates, 1 kg
Poitrine de porc salée, 150 g
Ail, 4 gousses
Thym, laurier
Huile d'olive
Sel, poivre, p. m.

Faites cuire les tomates pelées, épépinées et concassées.
Coupez le lapin en morceaux, assaisonnez-les. Roulez-les dans l'huile, puis dans les herbes.
Enroulez chaque morceau dans une fine tranche de poitrine avec une lamelle d'ail. Ficelez le tout.
Prenez un tian, versez-y la fondue de tomates, posez les paquets de lapin, cuisez à four chaud.

Macreuse farcie

INGRÉDIENTS

Macreuse, 2 pièces
Huile d'olive, 1 dl
Oignons, 150 g
Mie de pain, 300 g
Anchois, 4
Persil, 50 g
Œuf, 1
Olives noires, 24 pièces

Faites revenir l'oignon finement haché dans l'huile d'olive, ajoutez la mie de pain trempée, le persil, les anchois hachés, l'œuf. Assaisonnez.
Dénoyautez les olives, incorporez-les à la farce.
Garnissez la macreuse bien vidée. Bridez-la et faites-la rôtir à la broche en l'arrosant d'huile.

Poule au riz et au safran

INGRÉDIENTS

Poule, 1 pièce
Oignons, 200 g
Tomates, 100 g
Ail, 2 gousses
Bouquet garni, 1
Vin blanc, 0,10 l
Sel, poivre, p. m.
Riz, 250 g
Huile d'olive, 1 dl
Safran, p. m.
Muscade, p. m.

Videz la poule, mettez-la à cuire avec un oignon piqué d'un clou de girofle, la tomate, les gousses d'ail, le bouquet garni, le vin blanc et de l'eau. Assaisonnez et laissez cuire.
Pendant ce temps, hachez finement le reste d'oignons, faites-le fondre dans l'huile d'olive, ajoutez le riz, mouillez avec 0,40 l de bouillon. Assaisonnez (sel, safran, muscade). Faites cuire à couvert 25 minutes.
Dressez la volaille sur le riz.

Rôtis de grives

« Roustido de grivo »

Plumez et flambez les grives, bardez-les de lard, enfilez-les sur une broche et faites-les rôtir devant un feu de bois dans lequel vous jetez quelques baies de genièvre.
Disposez des tranches de pain sur le lèche-frite.

Quand lou printèms arrivo
Lou Merle canto emai la grivo

Quand auses la grivo canta
Cerco l'oustau pèr t'abriga
Emé de bos pèr recaufa

Quand auses la grivo canta
S'es un marrit mestié,
Te lou feu pas quita.

Quand le printemps arrive
Le merle et la grive chantent

Quand la grive ose chanter
Près de la maison pour t'abriter
Rechauffe-toi avec du bois

Quand la grive ose chanter
Même si ton métier est mauvais
Il ne faut pas le quitter.

Pieds et paquets

INGRÉDIENTS

Tripes de mouton, 1 pièce
Pieds de mouton, 6 pièces
Ail, 3 gousses
Petit salé, 100 g
Boyaux de mouton, 100 g
Sel, poivre, p. m.
Muscade
Lard gras, 100 g
Oignons, 200 g
Carottes, 300 g
Tomates, 300 g
Clou de girofle, 1
Ail, 2 gousses
Vin blanc, 25 cl

Nettoyez la tripe avec soin, coupez-la en 6 carrés, faites une incision au coin de chacune d'elles.
Faites la farce : hachez le petit salé, l'ail et les boyaux bien lavés, assaisonnez.
Posez la farce dans chaque carré, roulez-les en serrant afin de passer par l'incision.
Flambez et lavez les pieds.
Dans une marmite en terre, faites fondre le lard gras, ajoutez l'oignon, les carottes coupées en dés, laissez colorer. Rangez les pieds dans le fond, posez les paquets. Mouillez avec le vin blanc, ajoutez un bouquet garni, la tomate hachée, l'ail, le clou de girofle. Couvrez à hauteur d'eau, assaisonnez.
Faites partir à feu doux, laissez mijoter 7 ou 8 heures à couvert.

Tripes niçoises

INGRÉDIENTS

Tripes, 2,5 kg
Pieds de veau, 2 pièces
Carottes, 400 g
Céleri, 200 g
Oignons, 300 g
Clou de girofle, 2 pièces
Ail, 2 gousses
Tomates, 800 g
Marc, 5 cl
Vin blanc, 5 dl

Lavez soigneusement les tripes, faites-les blanchir, rafraîchissez et égouttez-les.
Détaillez les tripes en lanières de 2 cm de largeur, sur 5 cm de longueur.
Emincez les oignons, les carottes, le céleri, pelez et hachez les tomates, faites un bouquet garni.
Faites revenir à l'huile, les légumes, ajoutez les lanières de tripes, les pieds de veau blanchis, puis le marc et le vin blanc.
Mouillez d'eau à hauteur.
Laissez cuire doucement 5 ou 6 heures.
En fin de cuisson, récupérez les pieds, détaillez-les en dés, remettez-les à mijoter.
Dressez les tripes en plat à gratin, saupoudrez de parmesan et gratinez.

LÉGUMES

Artichauts barigoule

INGRÉDIENTS

Artichauts nouveaux, 12 pièces
Huile d'olive, 15 cl
Oignons, 200 g
Ail, 2 gousses
Thym, laurier, p. m.
Carottes, 100 g
Vin blanc, 2 dl
Sel, poivre, p. m.

Parez les artichauts en otant les premières feuilles et coupant le bout des autres.
Mettez l'huile d'olive dans un poêlon en terre, avec l'oignon haché, la carotte en petits dés. Disposez les artichauts, assaisonnez. Arrosez d'huile d'olive, couvrez et faites partir sur le feu.
Dès que vos légumes commencent à prendre couleur, mouillez avec du vin blanc et de l'eau. Ajoutez l'ail, le thym, le laurier. Finissez la cuisson à couvert.

Dans « Le Cuisinier Durand » (Edition de 1830 à Nîmes), on trouve une recette d'artichauts à la barigoule, bien différente et totalement dépouillée. La cuisson se fait sur le gril.

« Coupez à vos artichauts la queue et le bout des feuilles ; ouvrez-les et posez-les sans dessus dessous sur le gril ; vous les tournerez ensuite sur le cul ; assaisonnez alors avec du poivre et du sel, et arrosez-les avec de l'huile ; lorsqu'ils seront cuits, vous les dresserez sur un plat et les arroserez de nouveau ».

Barbouiado de favo

INGRÉDIENTS

Artichauts nouveaux, 12 pièces
Fèves, 1 kg
Huile d'olive, 5 cl
Oignons, 250 g
Sel, poivre, p. m.

Otez l'extrémité des feuilles d'artichauts. Coupez-les en quartiers, enlevez le foin.
Ecossez les fèves.
Faites revenir dans un poêlon en terre et à l'huile l'oignon haché, jetez-y les quartiers d'artichauts et les fèves. Couvrez à hauteur d'eau, assaisonnez, laissez cuire à petit feu.

Bohémienne d'aubergines

INGRÉDIENTS

Aubergines, 1 kg
Tomates, 1 kg
Ail, 6 gousses
Anchois, 4 pièces
Farine, 40 g
Lait, 1 dl
Chapelure, p. m.
Huile, 1 dl
Sel, poivre, p. m.

Pelez les aubergines, coupez-les en dés. Saupoudrez-les de sel et faites-les dégorger.
Pelez, épépinez et hachez les tomates.
Faites chauffer dans un « sartan » l'huile, versez les aubergines puis les tomates, ajoutez l'ail, assaisonnez et laissez cuire.
Par ailleurs, écrasez les filets d'anchois dessalés avec la farine, ajoutez le lait, versez cet appareil sur les légumes.
La Bohémienne est alors mise dans un plat à gratin, arrosée d'huile et de chapelure et passée au four.

Di Bajano,
Di merinjano
Qu'embausemer l'oli d'oulivé,
Osca seguro
N'auras rancurer
E d'ou bon vin que toun
paire beire.

... Des potées,
Des aubergines
Que parfumait l'huile
de l'olivier,
Sois-en certain
Tu auras regret,
Et du bon vin que ton
père buvait.

Mistral « *Lis olivades* »

Cardon à l'ancienne

INGRÉDIENTS

Cardon, 1
Citron, 1 pièce
Huile d'olive, 2 dl
Farine, 100 g
Oignons, 50 g
Anchois, 2 pièces
Lait, 5 dl
Ail, p. m.
Sel, poivre, p. m.

Nettoyez le cardon (otez les fils), coupez-le en morceaux. Faites blanchir 10 minutes dans une eau citronnée.
Faites revenir sans coloration à l'huile d'olive l'oignon émincé. Saupoudrez de farine, versez le lait. La sauce épaissit, ajoutez alors l'ail, l'anchois, laissez cuire 10 minutes.
Mettez les morceaux de cardon dans un plat à gratin huilé. Versez la sauce, parsemez éventuellement de lamelles de fromage de chèvre, passez au four.

Ce plat traditionnel du « Gros Souper », dans certaines famille, se voit ennobli par le roi des cryptogames, l'odorante truffe.

Farcis provençaux
– Oignons, courgettes, aubergines, tomates –

INGRÉDIENTS

Huile d'olive, 5 cl
Oignons, 200 g
Tomates, 400 g
Mie de pain, 200 g
Ail, 2 gousses
Persil, 50 g
Sel, poivre, p. m.

Pour farcir les tomates, il est possible d'ajouter des champignons « grisets » ou des épinards.

Lavez les légumes à farcir, coupez-les en deux, videz-les à l'aide d'une cuillère.
Prenez une poêle dans laquelle vous faites revenir – à l'huile d'olive – l'oignon, l'ail, la tomate hachés, ainsi que la chair enlevée des légumes à farcir. Assaisonnez. Ajoutez la mie de pain.
Garnissez de cette farce les légumes et rangez-les dans un plat à gratin huilé.
Portez au four et cuisez.

Fleurs de courgettes farcies

INGRÉDIENTS

Fleurs de courgettes, 24 pièces
Huile, 5 cl
Oignons, 150 g
Courgettes, 200 g
Riz, 50 g
Œuf, 1
Ail, 1 gousse
Persil, 25 g
Mie de pain, 50 g

Faites blanchir les fleurs quelques secondes dans de l'eau bouillante salée.
Faites revenir à l'huile l'oignon haché. Ajoutez les courgettes hachées, assaisonnez, laissez cuire.
Réunissez dans une terrine les oignons, les courgettes, le riz cuit, l'ail, le persil, les œufs, la mie de pain. Mélangez et assaisonnez.
Garnissez chaque fleur de courgette de farce. Disposez-les dans un plat huilé et passez à four doux 15 minutes.

Gratin de courge

INGRÉDIENTS

Courge, 1,8 kg
Ail, 4 gousses
Farine, 5 g
Lait, 25 cl
Huile d'olive, 1 dl
Œufs, 2
Sel, poivre, p. m.
Muscade, p. m.
Chapelure, 100 g

Epluchez la courge, détaillez-la en petits dés.
Faites-les revenir avec l'ail dans l'huile d'olive. Lorsqu'ils sont fondants, réduisez le tout en purée.
Préparez une sauce béchamel.
Incorporez à la purée de courge la sauce et les œufs, vérifiez l'assaisonnement.
Versez dans un plat à gratin huilé. Saupoudrez de chapelure, passez au four.

Gnocchi niçoise

INGRÉDIENTS

Pommes de terre, 1 kg
Farine, 250 g
Œuf, 1 pièce
Huile, 2 cl
Sel, poivre, p. m.
Parmesan

Faites cuire les pommes de terre, passez-les à travers un tamis (ou à la moulinette).
Incorporez la farine, l'œuf et l'huile à cette purée, assaisonnez. Le mélange obtenu doit être homogène.
Divisez la pâte, roulez chaque morceau sur une table farinée avec la main, afin d'obtenir un rouleau de 1,5 cm de diamètre.
Détaillez-le en morceaux de 3 cm de long. A l'aide d'une fourchette, cannelez chacun des gnocchi.
Plongez les gnocchi dans une eau salée en ébullition. Egouttez-les lorsqu'ils remontent à la surface.
Servez-les dans un plat creux. Saupoudrez-les de parmesan ou bien nappez-les de jus de daube ou de sauce tomate.

« Pinens » grillés

INGRÉDIENTS

Champignons de pin, 1 kg
Huile d'olive, 1 dl
Thym, p. m.
Ail, 2 gousses
Persil, 50 g
Sel, poivre, p. m.

Nettoyez les champignons, lavez-les.
Essuyez-les et badigeonnez-les d'huile dans laquelle le thym aura macéré.
Grillez les champignons et saupoudrez-les de persillade.

Tian de courgettes

INGRÉDIENTS

Courgettes, 1 kg
Huile d'olive, 2 dl
Oignons, 200 g
Riz, 50 g
Ail, 1 gousse
Œufs, 2 pièces
Mie de pain, 50 g
Parmesan, 50 g
Sel, poivre, p. m.

Taillez les courgettes en tranches de 0,5 cm, faites-les sauter à la poêle.
Faites revenir à l'huile l'oignon ciselé.
Faites crever le riz à l'eau bouillante 10 minutes, égouttez-le.
Battez les œufs, ajoutez-leur les courgettes, le riz, l'oignon, l'ail haché, assaisonnez.
Versez ce mélange dans un plat à gratin huilé, saupoudrez de mie de pain passée au tamis et de parmesan.
Passez au four moyen (20 minutes), puis faites gratiner.

Tian d'épinards

INGRÉDIENTS

Epinards, 3 kg
Huile d'olive, 2 dl
Ail, 2 gousses
Œufs, 2
Chapelure, 50 g
Sel, poivre, p. m.

Triez, lavez, égouttez les épinards.
Taillez-les grossièrement. Faites-les cuire doucement à l'huile d'olive avec l'ail écrasé, laissez refroidir.
Versez alors œufs battus, puis mettez-les dans un « tian ». Saupoudrez avec de la chapelure, arrosez d'un filet d'huile et passez au four pour finir le gratin.

DESSERTS

Biscotins d'Aix

INGRÉDIENTS

Sucre, 250 g
Farine, 375 g
Eau de fleur d'oranger

Faites donner un bouillon au sucre avec 100 g d'eau, laissez refroidir.
Versez dessus la farine en fontaine, parfumez.
Tenez la pâte ferme.
Moulez à la main (grosseur d'une noisette).
Déposez sur une plaque beurrée les biscotins. Mouillez-les au pinceau, cuisez-les à four chaud (220°). Gommez (gomme arabique fondue à l'eau).

Calissons d'Aix

INGRÉDIENTS

Amandes émondées, 500 g
Melon jaune confit, 300 g
Ecorces d'oranges confites, 60 g
Amandes amères, 25 g
Glucose, 25 g
Sucre semoule, 275 g
Citron
Vanille
Azyme (hostie)

Broyez ensemble très fin les amandes, le melon, les écorces d'oranges, l'amande amère, le glucose.
Ajoutez le sucre cuit ou boulé (117°), bien dessécher, parfumez.
Plaquez sur feuille azyme. Découpez au couteau en losanges.
Glacez à la glace royale (1 blanc d'œuf + 100 g de sucre glace).
Croûtez au four très doux ou en étuve.

« Chichi-fregi » marseillais

INGRÉDIENTS

Eau, 25 cl
Huile d'arachide, 5 cl
Farine, 150 g
Sel, 1 pincée
Œufs, 4 ou 5
Citron, 1 pièce
Sucre glace, 200 g

Faites une panade avec l'eau, l'huile, la farine, le sel. Bien dessécher.
Incorporez 4 ou 5 œufs, parfumez au citron râpé.
Avec une poche munie d'une douille cannelée (n° 12), poussez dans l'huile chaude (170°). A coloration, retournez à l'aide d'une spatule, finissez la cuisson, égouttez.
Détaillez en morceaux, passez au sucre glace.

Les « chichi-fregi » sont vendus dans les « panisseries ».

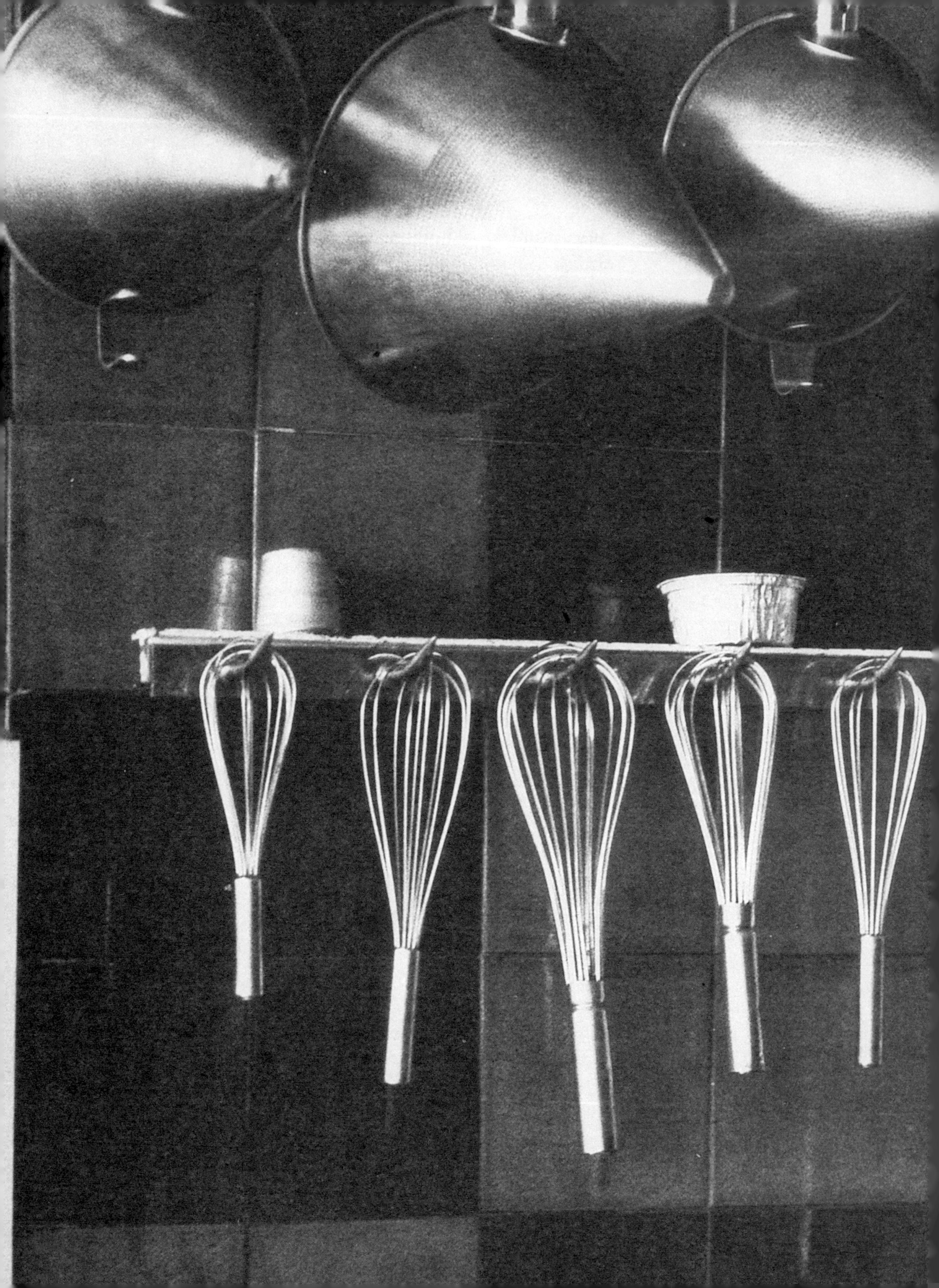

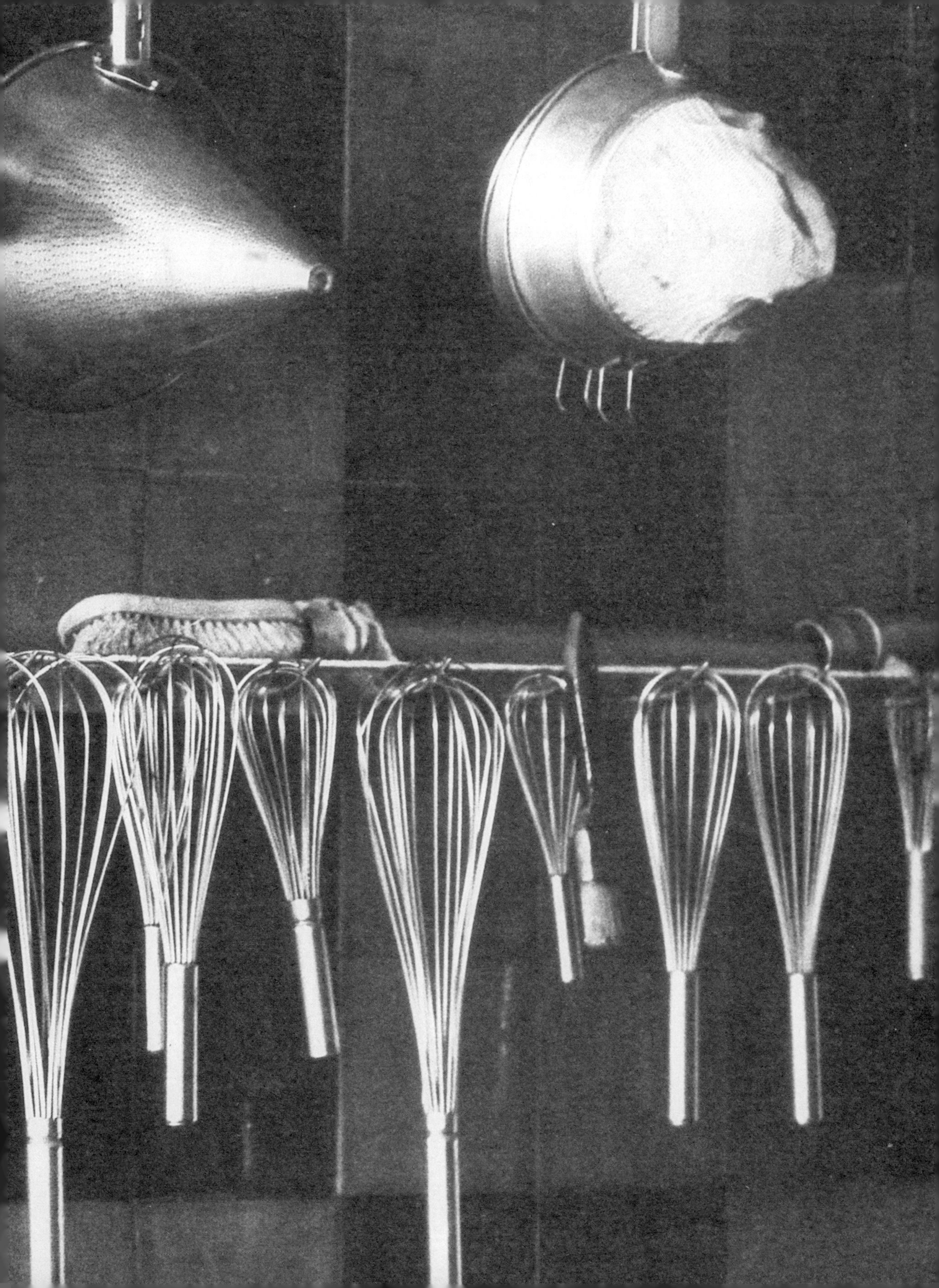

Colombier

INGRÉDIENTS

Jaunes d'œufs, 8
Sucre semoule, 200 g
Amande poudre, 100 g
Kirsch, 4 cl
Farine, 150 g
Sucre, 100 g
Melon confit, 250 g
Nappage, 50 g
Amandes, 50 g
Blancs d'œufs, 10

« Qui la colombera
Dans l'année se mariera ».

Montez les jaunes avec le sucre semoule, l'amande en poudre et le kirsch.
Incorporez la farine tamisée, puis 10 blancs montés en neige ferme avec 100 g de sucre.
Dans un moule à manqué beurré et fariné, mettez sur 1 cm d'épaisseur l'appareil, rangez sans toucher les bords des batônnets de melon jaune confit macéré au kirsch.
Recouvrez sur 2 cm d'appareil.
Cuisez à four doux (160°). A la sortie du four, laissez refroidir, puis « puncher » (sucre 125 g, eau 25 cl, kirsch, 1 dl).
Abricotez et masquez d'amandes effilées grillées.

Navette des Accoules

INGRÉDIENTS

Farine, 500 g
Levure de boulanger, 25 g
Beurre, 150 g
Sucre semoule, 150 g
Œufs, 3
Eau de fleur d'oranger, p. m.
Sel, 10 g

Mettez la farine en fontaine. Au centre, posez le sel, le sucre, les œufs, l'eau de fleur d'oranger. Ajoutez la levure délayée à l'eau tiède, pétrissez ferme.
Réservez la pâte sous couvert, environ 1 heure, dans un endroit tempéré.
Détaillez en morceaux réguliers, boudinez.
Coupez les boudins en 10, façonnez en faisant deux boules aux extrémités.
Posez sur une plaque beurrée, laissez pousser à température douce. Dorez à l'œuf battu, puis fendez au couteau mouillé.
Cuisez à four chaud (200°).

Navettes de Saint-Victor

INGRÉDIENTS

Farine, 500 g
Sucre glace, 100 g
Eau de fleur d'oranger, p. m.
Eau, 2 dl
Lait, 1 dl

La Navette de Saint-Victor est un gâteau sec.

Mettez la farine en fontaine, posez au centre le sucre glace, l'eau de fleur d'oranger et l'eau.
Pétrissez, fraisez, rassemblez.
Détaillez en 8 morceaux réguliers.
Boudinez chaque morceau.
Coupez les boudins en 10, façonnez en forme de navette.
Posez sur une plaque beurrée, fendez au couteau, dorez au lait avec un pinceau. Cuisez au four à 180°.

Nougat blanc de Provence

INGRÉDIENTS

Amandes émondées, 1 kg
Miel, 600 g
Blancs d'œufs, 2
Vanille, p. m.

Faites griller les amandes sans coloration.
Laissez-les sécher.
Cuisez le miel au gros boulet (121°), versez-le sur les blancs montés en neige ferme. Continuez de battre à feu doux. Parfumez à la vanille.
Plaquez les nougats sur une feuille d'azyme. Recouvrez-les d'une nouvelle feuille d'azyme. Pressez-les.

Nougat de Montélimar

INGRÉDIENTS

Amandes émondées, 1 kg
Pistaches, 100 g
Praline rose, 100 g
Miel, 500 g
Sucre, 500 g
Blancs d'œufs, 2

Faites griller les amandes et les pistaches, sans coloration. Laissez-les sécher.
Cuisez le miel au gros boulet (121°), versez-le sur les blancs montés en neige ferme. Continuez de battre à feu doux. Parfumez à la praline rose.
Plaquez les nougats sur une feuille d'azyme. Recouvrez-les d'une autre feuille d'azym. Pressez-les.

Nougat noir

INGRÉDIENTS

Amandes brutes, 1 kg
Miel, 1 kg
Coriandre en grains, 20 g

Grillez les amandes sans coloration.
Cuisez le miel au cassé (240°).
Incorporez les amandes, le coriandre. Bien mélanger.
Lorsque le caramel a refroidi, versez-le sur une feuille d'azyme.

Oreillettes

INGRÉDIENTS

Farine, 500 g
Sucre glace, 150 g
Beurre, 50 g
Œufs, 5
Sel, 1 pincée
Citron, 1 pincée

Pesez et pétrissez les ingrédients en les travaillant bien. Laissez reposer, puis allongez en plusieurs fois d'une très fine épaisseur.
Coupez à la roulette en forme de losanges la pâte obtenue.
Laissez les losanges en forme de coussinets ou nouez-les (en faisant trois boutonnières et ramenez les deux pointes).
Passez à la friture chaude (180°). Egouttez, saupoudrez de sucre glace.

Pompe à l'huile ou gibassié

INGRÉDIENTS

Farine, 500 g
Sucre, 150 g
Huile d'olive, 1 dl
Levure de boulanger, 25 g
Eau de fleurs d'oranger, 2 cuillerées à soupe
Œufs, 4
Sel, p. m.

Délayez la levure avec l'eau de fleurs d'oranger.
Disposez la farine tamisée en fontaine au milieu de laquelle vous placez le sucre, le sel, l'huile d'olive, la levure délayée.
Pétrissez, la pâte doit devenir molle.
Faites-la pousser à couvert pendant 2 heures.
Divisez la pâte, abaissez-la au rouleau en ovale. Tracez au couteau au centre un petit cercle d'où partent 5 entailles.
Faites cuire à 180°.

Ce gâteau est le dessert calendal par excellence, des santons de la crèche l'offrent à « l'Enfantoùn ». Jadis, le boulanger l'offrait à ses clients, le soir du «Gros Souper ».

Royaume

INGRÉDIENTS

Farine, 500 g
Levure de boulanger, 25 g
Sucre, 125 g
Beurre, 125 g
Œufs, 3
Sel, 10 g
Citron râpé, 1 pièce
Eau de fleur d'oranger, p. m.
Ecorces d'oranges confites, 50 g
Fruits confits hachés, 100 g

Décor
Sucre granulé, 30 g
Bigareaux confits, 20 g«
Melon confit, 50 g

La veille
Faites un levain avec 125 g de farine et la levure délayée dans 70 g d'eau tiède. (27°).
Pétrissez le restant de farine avec le sucre, le beurre, les œufs, le sel et le parfum. La pâte obtenue doit être souple.
Incorporez le levain petit à petit, puis l'écorce d'orange et les fruits confits hachés.
Faites lever 1 heure environ à température ambiante, puis faites retomber.
Mettez au réfrigérateur jusqu'au lendemain.

Le jour
Divisez en deux, boulez, puis après un temps de repos, façonnez (faites un trou au centre de la boule et agrandissez-le petit à petit).
Quand la taille désirée est obtenue, mettez la boule sur une plaque beurrée, passez-la à température douce (27°).
Lorsque le royaume a doublé de volume, dorez-le à l'œuf battu, disposez du sucre granulé, cuisez-le à four moyen (180°).
Décorez-le et surtout n'oubliez pas le sujet.

Toucassine

INGRÉDIENTS

Grains d'anis, 15 g
Huile d'arachide, 1 dl
Farine, 500 g
Vin blanc, 1 dl
Sucre glace, 200 g

Mettez à infuser les grains d'anis avec de l'huile chaude. Laissez refroidir.
Pétrissez la farine, le vin blanc sec, l'infusion de grains d'anis, le sucre glace. La pâte obtenue doit être ferme.
Divisez en 4 boules votre appareil, aplatissez-les au rouleau à pâtisserie, mettez-les sur une plaque beurrée, piquez-les à la fourchette.
Cuisez à four moyen (180°). La galette doit rester cassante.

Tarte aux épinards

INGRÉDIENTS

Pâte
Farine, 250 g
Beurre, 125 g
Œufs, 2
Sucre glace, 50 g
Sel, p. m.

Epinards, 1,5 kg
Raisins, 100 g
Fromage de Hollande, 50 g
Sucre, 150 g
Œufs, 2

Faites une pâte sucrée : mettez en fontaine la farine et le sucre glace, placez au centre le beurre, sablez le tout. Remettez en fontaine, ajoutez les œufs, fraisez.
Laissez reposer votre pâte au frais.
Faites blanchir les épinards dans de l'eau salée en ébullition, égouttez-les, pressez-les, puis hachez-les.
Faites macérer les raisins dans du rhum.
Réunissez dans une terrine les épinards, les raisins, le sucre, le fromage, les œufs.
Etendez les 2/3 de la pâte, foncez votre moule à tarte, piquez le fond, garnissez-le avec l'appareil.
Tirez le reste de la pâte. Taillez des bandelettes que vous disposez, en les croisant, dessus la tarte.
Mettez à cuire à four chaud 10 minutes, puis finissez la cuisson à 150°.

VI

La nouvelle cuisine provençale

Roger Vergé : « Le Moulin de Mougins »

Loin du flot bouillonnant de la Croisette, « dans ce trou de verdure où chante une rivière », Roger Vergé vous convie aux « Fêtes de son Moulin »[1], chaque jour renouvelées dans son menu du marché.

Tous les grands cuisiniers ont une initiatrice : celle de Roger Vergé s'appelle tante Célestine. Mais plus que des secrets ésotériques jalousement gardés, elle lui transmet avant tout la première qualité d'un alchimiste cuisinier : la gourmandise.

Il bénéficie, lors de son apprentissage, des conseils de deux frères qui lui donnent simultanément les bases de la cuisine et de la charcuterie. Une année lui suffit pour compléter sa formation en pâtisserie : « la pâtisserie est plus facile, plus mathématique que la cuisine, qui requiert, elle, de la créativité, de l'improvisation, de la fantaisie. »

Roger Vergé monte alors à Paris : « La Tour d'argent », le « Plaza Athénée », deux grandes maisons où règne la « cuisine classique ». « Les grands principes que j'ai alors acquis et répétés sont les gammes du cuisinier : la maîtrise des bases classiques est indispensable à une pratique créative. Il ne faut pas brûler les étapes. »

Le soleil l'attire irrésistiblement ; il part en Afrique, avant de revenir sur les bords de la Méditerranée, à Cavalaire.

En 1969, à Mougins, il reprend un ancien moulin transformé en auberge ; et en peu de temps, Roger et son épouse Denise en font l'étape indispensable de tout pélerinage gastronomique.

---

1. Roger Vergé, *Les fêtes de mon Moulin*, Flammarion, octobre 1986.

Le véritable génie de Roger Vergé est d'avoir avant tout le monde réinventé la cuisine provençale : « sa cuisine du soleil » est à la fois nouvelle – dès 1974, avant les excitations journalistiques parisiennes, il propose sa désormais célèbre « fondue de gigot aux aubergines » –, et en même temps profondément inspirée de la Provence. « Souvent avant le service, je vais dans mon jardin pour me ressourcer, respirer les odeurs, regarder les couleurs, sentir les forces qui habitent la Nature. C'est la puissante vitalité des légumes et des aromates provençaux qui ensoleille ma cuisine. »

Quelques esprits chagrins lui reprochent parfois d'être plus souvent à l'étranger que derrière ses fourneaux !

Viendrait-il à l'idée de quelques mélomanes de se plaindre que Karajian joue trop souvent à l'extérieur ? Le philharmonique de Berlin deviendrait-il inaudible lorsque son chef titulaire n'est plus là ?

La brigade du Moulin de Mougins, dirigée par Serge Chollet, regorge de talents qui sont les grands chefs de demain – un grand nombre de ceux d'aujourd'hui y sont d'ailleurs passés !

Car plus encore qu'un chef d'orchestre, Roger Vergé est un éveilleur de talent.

Tous les matins, il organise une concertation durant laquelle ses chefs de parties proposent en fonction de leurs inspirations, et des produits, des plats pour le menu du marché. « Un artiste ne réalise bien que ce qu'il a envie de faire. » le « Maître du Moulin » harmonise, ordonne, simplifie, pour que ces créations se fondent dans l'œuvre éphémère du repas.

C'est cette pratique participative qui développe la créativité de ses cuisiniers, et qui autonomise le Moulin de Mougins. Et c'est aussi grâce à cela que Roger Vergé, Paul Bocuse, ou Gaston Lenôtre peuvent promouvoir la gastronomie française à l'étranger ; et, ce faisant, drainer une clientèle dont bénéficient leurs confrères, mais aussi tout l'agro-alimentaire français, et sans doute les mêmes esprits chagrins qui, à mots plus ou moins couverts, les fustigent dans leurs guides.

Roger Vergé possède une qualité supérieure : celle qui est l'apanage des vrais grands cuisiniers : la simplicité. Car même si le succès en a fait maintenant un véritable homme d'affaires, il reste avant tout cuisinier.

Et ce dont ce meilleur ouvrier de France est le plus fier, c'est sans doute d'avoir contribué à « sortir le cuisinier de l'ombre ».

Tourte d'olives mouginoise

INGRÉDIENTS
(pour 6 personnes)

Farine, 250 g
Huile d'olive, 12 cuillerées à soupe
Blettes, épinards, ou chicorée, 500 g de « verts »
Oignons, 200 g
Ail, 3 gousses
Fleur de thym, 1/2 cuillerée à café
Olives noires (petites), 180 g
Œufs, 2 pièces
Crème fraîche légère (fleurette), 2 cuillerées à soupe
Poivre, p. m.

Ne cherchez pas cette recette dans le passé Mouginois. Elle est née de mon imagination, mais elle pourrait très bien être de « chez nous », avec tous ces produits qui ont les senteurs de ce beau pays.
Pour déguster cette tourte (chaude ou froide), prenez une bonne bouteille de vin rosé et, vite, mettez-vous à l'ombre d'un olivier s'il s'en trouve un à proximité (s'il ne s'en trouve pas, n'importe quel arbre fera l'affaire et la tourte n'en sera pas moins bonne).

Cette recette peut être entièrement préparée à l'avance.
Faites une pâte vite travaillée dans un bol, avec 250 g de farine, 8 cuillerées à soupe d'huile d'olive, 10 cuillerées à soupe d'eau tiède et 1 pincée de sel.
Pétrissez jusqu'à ce que la pâte se détache, et de votre main et du bol. Aplatissez-la légèrement et mettez-la au frais pendant 30 minutes.
Hachez 200 g d'oignons et mettez-les à cuire à feu doux avec 4 cuillerées à soupe d'huile d'olive. Laissez blondir jusqu'à ce qu'ils soient fondants sous la dent. Pendant ce temps, prenez les blettes et séparez les feuilles vertes des côtes blanches. Ne gardez que les feuilles, lavez-les et concassez-les (coupez-les en petits morceaux) après les avoir bien égouttées.
Ajoutez-les aux oignons blonds et fondants, en même temps que les gousses d'ail hachées finement et 1/2 cuillerée à café de fleur de thym.
Laissez cuire jusqu'à ce qu'il ne reste plus de liquide. Dénoyautez alors les petites olives noires. Si vous n'avez que de grosses olives, coupez-les en quatre. Dans un bol d'un litre, battez les œufs entiers avec la crème fraîche légère. Ajoutez ce mélange aux blettes et aux oignons. Mélangez bien et finissez avec quelques tours de moulin à poivre. Pour le sel, l'apport des olives suffira.
Préchauffez le four à 200°, thermostat 6. Etalez la pâte sur une plaque, à la main, en forme de cercle de 30 cm de diamètre. Remontez légèrement les bords d'environ 5 mm. Répartissez la préparation que vous avez faite précédemment.
Aplatissez à la fourchette. Parsemez les olives sur le tout et passez au four pendant 25 à 30 minutes.

Recette extraite de « Les Fêtes de mon Moulin », Roger Vergé, Flammarion - octobre 1986.

Côtes de veau à l'anis et aux pions d'ail

INGRÉDIENTS
(pour 6 personnes)

Ail, 2 têtes
Farine, 5 cuillerées à soupe
Paprika doux, 1 cuillerée à dessert
Côtes premières de veau, 3 pièces de 500 g chacune, bien blanches parées et dégraissées
Beurre, 110 g
Vin blanc sec, 5 cuillerées à soupe
Pastis, 1 cuillerée à dessert
Persil, quelques brins
Sel, poivre, p. m.

Prenez deux belles têtes d'ail entières, dégagez les gousses. Pelez-les et coupez-les en petits bâtonnets de la grosseur d'une dent de fourchette. N'oubliez pas de retirer le germe vert qui se trouve souvent au cœur de la gousse (c'est très amer).
Mettez ces bâtonnets dans une casserole avec un litre d'eau froide. Faites bouillir et égouttez aussitôt ces « pions d'ail ».
Dans un petit bol, mélangez la farine et le paprika. Disposez les côtes de veau dans un grand plat plat. Salez-les, poivrez-les et saupoudrez-les du mélange farine-paprika. Tournez et retournez les côtes et appuyez bien pour qu'elles s'imprègnent profondément.
Mettez 60 g de beurre dans un plat à four et portez sur feu moyen. Lorsque le beurre commence à chanter, disposez les côtes bien à plat. Laissez-les prendre couleur pendant 5 minutes, puis retournez-les. Parsemez les pions d'ail autour des côtes et laissez cuire 5 minutes encore.
Retirez les côtes et gardez-les dans une assiette.
Versez dans un plat le vin blanc sec. Amenez à ébullition et décollez avec une spatule en bois les sucs qui sont restés collés aux parois du plat.
Préchauffez le four à 200° (thermostat 6). Cinq minutes avant de servir, ajoutez 50 g de beurre dans le plat à four. Sur feu doux, incorporez-le au liquide de cuisson afin que le beurre apporte une liaison sans devenir huileux.
Ajoutez le jus que les côtelettes auront rendu ainsi qu'une cuillerée à dessert de Pastis. Mettez cette sauce dans un bol que vous gardez au chaud.
Coupez les côtes en deux, disposez-les dans le plat à four et faites-les réchauffer pendant 2 ou 3 minutes, puis disposez-les dans les assiettes chaudes. Nappez de sauce et de pions d'ail. Parsemez de quelques brins de persil frais. Servez.

Recette extraite de « Les Fêtes de mon Moulin », Roger Vergé, Flammarion - octobre 1986.

Fondue de gigot aux aubergines

INGRÉDIENTS
(pour 6 personnes)

Gigot d'agneau de 2 kg environ, 1 pièce
Crème fraîche légère (fleurette), 10 cuillerées à soupe
Oignons, 100 g
Céleri branche ou rave, 20 g
Carottes, 100 g
Huile d'arachide, 2 cuillerées à soupe
Ail, 3 gousses
Tomates, 400 g
Vin rouge corsé, 50 cl
Fécule de pomme de terre ou de maïs, 2 cuillerées à soupe
Aubergines, 2 pièces bien fermes
Huile d'olive, 4 cuillerées à soupe
Sel, poivre, muscade, p. m.
bouquet garni lié par un fil
Persil, 4 ou 5 branches
Thym, 3 branches
Laurier, 2 feuilles

La veille ou le matin

a) Demandez à votre boucher de vous désosser entièrement un gigot d'agneau de 2 kg ou bien faites-le vous-même. Attention, ne taillez pas dans les chairs. Suivez soigneusement les membranes qui recouvrent les muscles. Retirez toutes les parties graisseuses et les membranes.

Laissez entières les noix, c'est-à-dire les trois pièces les plus belles. Mettez de côté les morceaux de viande plus petits également parés, c'est-à-dire sans graisse, ni peau. Jetez toutes les graisses.

Réservez à part les os, les peaux et la souris (morceau arrondi qui se trouve tout au bout du manche du gigot, côté patte).

Vous avez donc : 3 noix de gigot, les petits morceaux de viande et les parures (os, peaux...). Gardez les petits morceaux de viande dans le réfrigérateur à l'endroit le plus froid et placez à côté la crème légère ; il faut qu'ils soient glacés lorsque vous les utiliserez.

b) Lavez, pelez et détaillez en gros dés les oignons, le céleri, et les carottes. Faites-les blondir avec les os et les parures dans une cocotte avec 2 cuillerées à soupe d'huile d'arachide. Quand tout a pris une belle couleur blonde, ajoutez les 3 noix d'agneau, les gousses d'ail écrasées, le bouquet garni et 100 g de tomates coupées en dés. Salez et poivrez.

Versez le vin rouge corsé et finissez de recouvrir avec de l'eau. Amenez à ébullition, puis laissez cuire sur feu doux ou au four (180°, thermostat 6) à cocotte ouverte pendant une heure après le départ de l'ébullition.

Lorsque l'heure s'est écoulée, retirez les pièces de viande et mettez-les au froid.

Passez la cuisson à travers une passoire fine, dans une casserole et faites-la réduire jusqu'à ne plus avoir que la valeur de 75 cl de sauce. Dégraissez-la bien en retirant à la louche les graisses qui se déposent sur les bords et en surface. Liez la sauce, c'est-à-dire épaississez-la en diluant une cuillerée à soupe de fécule avec un peu d'eau ; incorporez la fécule diluée dans la sauce en ébullition, mais par toutes petites quantités pour que la sauce n'épaississe pas trop.

Vous pouvez ajouter, si vous le voulez, quelques feuilles de basilic ou bien une petite pointe d'ail.

c) Dans votre hachoir électrique, mettez les petits morceaux de gigot crus que vous avez gardés au froid, avec du sel, du poivre et quelque râpées de noix de muscade. Faites tourner jusqu'à ce que vous obteniez une boule de chairs finement hachées. Ajoutez alors la crème fraîche glacée en la laissant couler doucement. Arrêtez presque aussitôt le hachoir pour ne pas transformer la crème en beurre. Mettez cette farce au réfrigérateur. Si vous avez un hachoir mécanique, utilisez la grille la plus fine et passez la farce deux fois dans votre appareil ; pour la crème, incorporez-la à la viande avec une spatule de bois, dans un saladier.

d) Coupez les aubergines en rondelles de 1/2 cm d'épaisseur sans les peler. Badigeonnez d'huile d'olive la plaque à four, rangez bien à plat chaque rondelle d'aubergine et salez légèrement.

Si toutes les rondelles ne se rangent pas en une seule fois, utilisez une seconde plaque ou recommencez l'opération une seconde fois. Passez la plaque au four (200° thermostat C) 10 à 15 minutes, le temps de ramollir les aubergines, puis mettez celles-ci au froid.

Faites bouillir 50 cl d'eau et plongez-y 2 ou 3 tomates (300 g de chair) pendant quelques secondes. Passez-les sous l'eau froide et vous pourrez les peler très facilement.

Coupez-les en deux, pressez-les pour les vider de leur eau et de leurs pépins, puis concassez-les grossièrement. Remettez-les dans la même casserole qui vous aurez vidée de son eau et ajoutez 2 cuillerées à soupe d'huile d'olive, du sel et du poivre. Faites cuire à feu vif jusqu'à complète évaporation du liquide. Mettez au froid.

Quelques heures avant de servir
Huilez légèrement 6 moules à soufflé de 7 ou 8 cm de diamètre et de 4 ou 5 centimètres de haut.
Sortez tous les produits que vous avez mis au réfrigérateur et rangez-les dans les moules de la manière suivante : d'abord, garnissez le fond et les bords de tranches d'aubergines : enrobez-les légèrement de farce d'agneau ; découpez les noix en tranches de 1/2 cm d'épaisseur et d'une taille un peu inférieure à celle du moule ; disposez une tranche sur le fond d'aubergines, puis une couche de tomates concassées, puis encore une couche d'aubergines, encore un peu de farce, une dernière tranche d'agneau et finissez de remplir les moules avec le reste de farce.

Recette extraite de « Les Fêtes de mon Moulin », Roger Vergé, Flammarion - octobre 1986.

Glace à la lavande aux petits pains d'anis

INGRÉDIENTS
(pour 6 personnes)

Pour la glace
Fleurs de lavande, 1 cuillerée à dessert[1]
Sucre en poudre, 200 g
Lait, 25 cl
Œufs, 8 jaunes
Crème fraîche légère (fleurette), 25 cl
Pour les petits pains d'anis
Farine, 500 g
Sucre en poudre, 500 g
Anis vert en grains, 25 g
Œufs, 4 blancs
Beurre, 50 g
Sel, p. m.

1. Voir note p. suivante.

Préparation de la glace
Commençons par faire un « sucre de lavande ». Pour cela, mélangez 1 cuillerée à dessert de fleur de lavande avec le sucre semoule. Passez le tout au mixer ou pilez les fleurs au mortier pour les réduire en poudre et mélangez-les au sucre.
Faites fondre ce sucre de lavande dans le lait. Mélangez les jaunes d'œufs avec la crème légère. Ajoutez le lait sucré, mélangez et passez le tout au congélateur dans votre sorbetière, pendant au moins 3 heures.
Lorsque la glace est prise, formez 12 boules ou 12 quenelles à l'aide de 2 cuillerées à soupe trempées dans l'eau tiède. Disposez-les dans de petits bols individuels.
Décorez d'une petite branche de lavande que vous aurez passée sous l'eau, puis roulée dans le sucre en poudre et laissée sécher dans une assiette saupoudrée de sucre.

(suite de la recette page suivante)

Disposez chaque bol dans une petite assiette décorée d'un napperon de papier-dentelle et d'une branche de lavande.
Placez alors les glaces au réfrigérateur (et non au congélateur) au moins une heure avant de les servir afin qu'elles ne soient pas trop froides.

Préparation des petits pains d'anis

Dans une grande terrine, mélangez intimement la farine, le sucre, les grains d'anis et une pincée de sel.
Faites monter 4 blancs d'œufs en neige et incorporez-les au mélange ci-dessus. Pétrissez l'ensemble jusqu'à l'obtention d'une pâte bien homogène que vous laisserez reposer une heure au frais, enveloppée d'un linge humide.
Une heure plus tard (ou davantage), allumez votre four à 180°, thermostat 5. Saupoudrez votre plan de travail de farine, puis étalez la pâte au rouleau sur une épaisseur de 8 mm (environ le diamètre d'une cigarette).
Découpez les petits pains avec un coupe-pâte ovale. Rangez-les sur une plaque beurrée, puis, sur chaque petit pain, dessinez des chevrons avec la pointe d'un couteau. Retirez l'excédent de farine en brossant les petits pains avec un pinceau.
Mettez au four préchauffé, durant 15 minutes environ. Laissez refroidir les petits pains et rangez-les dans une boîte ou un bocal bien hermétique ; ils pourront se conserver plusieurs jours.

(1) Pour la lavande, prenez du lavandin frais ou sec, de la fleur de lavande ou encore du sucre parfumé à la lavande, mais surtout pas de la lavande en sachet que l'on met dans les armoires pour parfumer le linge. En effet, dans ces sachets, la lavande est additionnée de parfum base, ce qui la rend impropre à la consommation.

Recette extraite de « Les Fêtes de mon Moulin », Roger Vergé, Flammarion - octobre 1986.

Ci-contre : *Roger Vergé, le maître du moulin et sa brigad*
Pages suivantes : *L'oursinade (Alloin*
Page de droite : *Paquets de mer et pieds de fenouil au safran (Bayon*

BANDOL
BLANC DE BLANCS

Marc Bayon : « Les Trois Forts »

Le Vieux-Port, indispensable arrêt touristique en regard de son histoire et de sa situation, offre la possibilité de déguster, tout en l'admirant, une des meilleurs cuisines de la cité phocéenne.

Derrière le Fort St-Jean, au dernier étage de l'hôtel Sofitel, se dresse le Restaurant « Les Trois Forts » où officie Marc Bayon. Lorsqu'en 1979 ce jeune chef s'installe derrière ces fourneaux, la succession qu'il doit assurer est difficile. Qui peut, sans appréhension, prendre la suite d'un M. O. F.[1] comme Francis Trocellier ? Sept ans après, la clientèle qui vient de plus en plus de l'extérieur de l'hôtel atteste de sa réussite.

Marc Bayon est arrivé sur les rives du Lacydon avec une solide formation culinaire acquise dans les deux capitales de la gastronomie, Lyon (son pays natal), et Paris à « La Sologne » notamment, mais aussi « La Tour d'Argent » ou le Restaurant de la Tour Eiffel...

---

1. Meilleur Ouvrier de France.

Fricassée de sole et de rouget de roche en Barigoule (Alloin).

Le démarrage se veut sage, le temps de prendre le pouls de la ville, mais petit à petit, il s'affirme et personnalise sa cuisine.

La structure du menu s'articule sur le chiffre « 7 », symbole de la perfection, de l'accomplissement. Sept entrées, quatorze plats, quatorze fromages, vingt et un desserts, ceci vous permettant de composer d'innombrables variations de menu. Se lit, ici, l'expression d'un personnage quelque peu mystérieux, flirtant avec l'ésotérisme.

Cet adepte de Senderens, Delaveyne et Chapel chez les « modernes », se reconnaît plus proche de Dumaine ou de Point que d'Escoffier, chez qui « la recherche de la prouesse technique se fait parfois au détriment des saveurs ».

Le décor est pour lui chose essentielle et sa partie préférée : le froid. Pour les nombreux buffets qui ont lieu au Sofitel, il réalise de somptueuses présentations proches de celles d'Urbain Dubois, dont il a choisi une planche décor issue de son ouvrage la « Cuisine classique », pour illustrer sa carte.

Les Provençaux connaissent bien le visage de Marc Bayon. Il a, en effet, créé avec un ami journaliste de télévision, Gérard Paolini, un jeu culinaire « Le Combat des Chefs ». Le petit écran est pour lui un moyen de faire passer un message, de parler à son public, car il s'aventure rarement dans sa salle de restaurant, laissant le soin au Maître d'Hôtel d'établir le contact avec le client. « Je n'aime pas trop paraître, dit-il, comme pour excuser ses trop rares visites aux tables ».

La démarche de Marc Bayon est profondément culturelle. Epris de littérature gastronomique (sa bibliothèque est impressionnante et renferme des ouvrages de grande valeur), il n'a de cesse de réinterpréter des recettes issues de livres méconnus.

C'est un des chefs les plus imaginatifs de la cuisine de terroir, témoin ses « Pieds et Paquets de la Mer », aux saveurs surprenantes ou son merveilleux « Flan de Brandade de Morue, sauce Méridionale » qui associe à une brandade légère, la courgette, la tomate, le safran. Amusante aussi, cette « Salade de Lentilles Vertes aux Œufs de Caille et au Jus de Truffe » où se mèlent la rusticité de cette légumineuse et la noblesse de la truffe.

Votre repas se termine par la symphonie des desserts de Claude Pelet, véritables chefs-d'œuvre de légèreté et de goût, telle cette « Tarte à la Brousse », dont il nous livre ici la recette.

Paquets de mer et pieds de fenouil au safran

INGRÉDIENTS
(pour 6 personnes)

Rougets barbets, 500 g
Filets de loups, 500 g
Filets de daurades royales, 500 g
Oursins, 6 pièces
Bulbes de fenouil, 3 pièces
Carottes, 100 g
Haricots verts, 100 g
Poireaux nains, 6 pièces
Fumet de poissons, 1 dl
Crème fraîche, 1 dl
Echalotes, 50 g
Vin blanc, 1 dl
Prise de pistil de safran
Beurre, 60 g

Levez les filets de poissons en fines bandelettes. Roulez-les et ficelez-les. Mettez-les à mariner 1 heure dans l'huile d'olive et le safran. Cuisez-les à la vapeur.
Cuisez les bulbes de fenouil, les poireaux nains, les carottes et les haricots verts.
Réduisez le fumet, le vin blanc, la crème, avec le safran et les échalotes ciselées.
Montez le tout au beurre.
Incorporez au dernier moment le corail des 6 oursins.
Mettez les légumes au fond de l'assiette, les petits paquets dessus et nappez.

Salade de rouget barbet en vinaigrette de vin de pêche, sorbet de ratatouille

INGRÉDIENTS
(pour 6 personnes)

Rougets barbets, 1,200 kg (petits rougets)
Carottes, 100 g
Haricots verts, 100 g
Trompettes de la mort, 50 g
Mesclun, 200 g
Aubergines, 100 g
Courgettes, 100 g
Tomates, 100 g
Poivrons bicolores, 60 g
Oignons, 50 g
Ail, 10 g
Huile d'olive, 6 cl
Jus de citron, 1
Vin de pêche, 3 cl

Sautez vivement à l'huile d'olive les filets de rougets. Gardez-les verts, cuits.
Faites la ratatouille, mixez-la et faites-la prendre au « freezer » ou à la sorbetière.
Faites la vinaigrette avec l'huile d'olive, le vin de pêche et le jus de citron.
Cuisez les carottes en bâtonnets et les haricots verts croquants.
Mélangez la salade de mesclun avec la vinaigrette et faites un bouquet sur l'assiette. Mettez à côté les légumes croquants et les trompettes de la mort.
Disposez sur les légumes les filets chauds de rougets. Moulez à la cuillère 4 petites quenelles de sorbet de ratatouille et posez-les harmonieusement sur l'assiette.

Flan de brandade de morue sauce méridionale

INGRÉDIENTS
(pour 6 personnes)

Morue salée, 500 g
Pommes de terre, 100 g
Œufs entiers, 4 pièces
Crème, 1 dl
Ail, 1 gousse
Huile d'olive, 5 cl
Echalotes, 30 g
Ciboulette, 1 botte
Courgettes, 500 g
Tomates, 100 g
Fumet de poissons, 1 dl
Beurre, 60 g
Vin blanc, 1 dl

Dessalez la morue 24 heures à l'eau courante. Désarêtez-la et passez-la à four doux 10 minutes, puis au tamis.
Cuisez les pommes de terre au four, passez-les au tamis fin.
Battez les œufs, la crème, incorporez la morue, les pommes de terre, la gousse d'ail en chemise et passée, les échalotes tombées au beurre et la ciboulette ciselée.
Salez et poivrez.
Beurrez grassement 6 moules à dariole ou 6 ramequins. Remplissez-les de cet appareil et cuisez au bain-marie, ou mieux, à la vapeur, dans un couscoussier.
Coupez les jeunes courgettes en rondelles, sautez-les à l'huile d'olive, réservez.

Sauce

Faites réduire le fumet, la crème, le vin blanc.
Safranez, montez au beurre, incorporez la tomate concassée fraîche et la crème d'ail.

Dressage

Mettez les courgettes en rosace autour de l'assiette, placez le flan au centre et nappez.

Tarte à la brousse

INGRÉDIENTS
(recette pour 2 tartes de 8 personnes)

Brousse du Rove, 600 g
Sucre, 150 g
Œufs entiers, 6 pièces
Bergamotte, 2 g

Mousse de poire

Crème anglaise, 200 g
Gélatine, 3 feuilles
Brousse du Rove, 100 g
Poires pochées, 50 g
Alcool de poire, 20 g
Chantilly, 700 g

Foncez deux tartes avec une pâte salée. Faites ensuite un appareil avec la Brousse du Rove, les œufs, le sucre, la bergamotte et garnissez les tartes.
Cuisez 30 minutes à four doux (160°). Laissez refroidir.
Faites la mousse aux poires : préparez la crème anglaise (25 cl, 4 jaunes d'œufs, 80 g de sucre).
Ramollissez la gélatine dans l'eau froide, puis incorporez-la dans la crème anglaise chaude, passez au chinois.
Mettez ensuite 100 g de Brousse, les poires en cubes, l'alcool de poires. Laissez refroidir.
Montez la crème fraîche et serrez-la au sucre.
Dressez la mousse sur les tartes froides, réservez-les au froid jusqu'au service.

René Alloin : « L'Oursinade »

René Alloin n'est pas Provençal, il est cependant un des cuisiniers les plus appréciés de cette région qui l'a rapidement adopté.

C'est dans le Haut-Bugey, une des provinces les plus riches du point de vue gastronomique, entre Belley[1] et Nantua[2] qu'est né René Alloin.

Sa vocation de cuisinier, il la tient peut-être de sa mère qui, cuisinière, fit très tôt son éducation gastronomique. Enfant, René veut être soit cuisinier, soit député ; très vite c'est la première voie qui l'attire « le cuisinier se doit d'être sincère, alors que le député fait une cuisine bien particulière ».

C'est à l'Ecole Hôtelière de Thonon-les-Bains qu'il apprend, en même temps qu'un autre enfant de l'Ain devenu célèbre, Georges Blanc, les bases de son métier.

Son diplôme en poche, voyant sa carrière bloquée en France et profitant de son jeune âge tout autant que de son goût pour le voyage, il décide de partir... Tour à tour, il complète son bagage technique au Portugal, en Tunisie, au Brésil, puis aux Antilles qu'il abandonne finalement en 1977 pour venir à Marseille.

Dans la cité phocéenne, il tente une nouvelle aventure, il ouvre « L'Oursinade », restaurant de l'Hôtel Frantel. Les premières années sont

---

1. Belley, ville de l'Ain, patrie de l'éminent gastronome J. A. Brillat-Savarin, auteur de *La physiologie du goût ou méditations de gastronomie transcendante* 1re édition en 1826 à Paris en deux volumes, puis réédité de nombreuses fois soit en un volume, soit en 2 volumes, que l'on trouve actuellement avec une lecture de Rolant Barthes, dans la collection Savoir aux édtions Herman à Paris en 1975, avec une préface de J.-F. Revel.

2. Nantua, petite cité de l'Ain, distante de Belley de 64 km, célèbre pour ses écrevisses et la sauce dont elles sont l'apprêt principal et qui porte le même nom.

difficiles, car le Marseillais n'est pas habitué à son approche culinaire. Peu à peu, la clientèle se fidélise et René Alloin gagne son pari : « Marseille se réveille ».

René parle rarement de la « cuisine provençale traditionnelle », ses racines sont ailleurs. Ce n'est pas faute de la connaître. Il va souvent à la rencontre de cette cuisine authentique au cœur même des familles provençales. Cependant, l'idée qu'il se fait de la cuisine provençale contemporaine passe par une nouvelle utilisation des produits du terroir.

Ainsi, vous découvrez, au détour de sa carte : le minestrone tiède de ragoût d'agneau à l'effilochée de légumes et basilic, la daube de chapon au fumet de vin de Bandol ou l'éventail de râble de lapereau à la tapenade.

Dans ces plats, vous trouvez les éléments que René Alloin affectionne particulièrement, l'huile d'olive qui remplace souvent toute autre matière grasse pour sa saveur très riche et sa finesse, la tapenade, cette purée d'olives noires, qu'il marie tout aussi bien avec des poissons qu'avec des viandes.

Il use avec parcimonie de l'ail, « trop galvaudé » à son goût. Mettre de l'ail et du basilic pour « provençaliser » les plats relève de la mascarade pour cet adepte du goût franc et subtil.

Pour lui, l'évolution de la cuisine passe par une simplification. C'est dans cet esprit qu'il se nourrit des écrits de ces cuisiniers de l'école provençale, Reboul, Caillat, Morard... qui ont profondément marqué l'histoire culinaire de notre région.

En Languedoc, de l'autre côté du Rhône, il a retrouvé un cuisinier du XIXe, Durand, dont le livre de recettes[3] est pour lui une source intarissable d'inspiration. Les plats qu'il vous propose avec l'appellation « à la Durand » sont en fait des réinterprétations très contemporaines des œuvres du cuisinier nîmois : ses côtes d'agneau farcies en crépinettes ; la côte subit une cuisson plus « moderne » et le ragoût qui l'accompagne n'est autre que la garniture préconisée par Durand, avec rognons, huîtres, ris, champignons, et anchois...

Chaque semaine, René Alloin propose dans sa carte un plat inspiré par la cuisine des XVIII et XIXe siècles.

A votre tour, « remontez dans le temps » en suivant sa fameuse recette de « Côte d'agneau à la Durand ».

3. *Le Cuisinier Durand* – Nîmes, imprimerie de P. Durand-Belle 1830 – 1re édition peu commune, dont on trouve une réimpression de 1837 chez Jeanne Laffitte.

Gigot d'agneau en croûte et ses gratins (Thuilier-Chari

Feuilleté de pied de mouton au basilic et aux anchois

INGRÉDIENTS
(12 personnes)

Feuilletage, 1 kg
Beurre, 200 g
Pieds de mouton, 25 pièces
Blanc aromatisé, 3 l
Carottes, 500 g
Champignons de Paris, 300 g
Céleri, 500 g
Navets, 500 g
Cognac, 1 dl
Madère, 2 dl
Crème double, 25 cl
Fond de veau, 25 cl
Anchois, 100 g
Basilic haché, 10 g

Découpez dans le feuilletage 12 rectangles de 6 cm de largeur sur 14 cm de longueur. Faites-les dorer et cuisez-les sur une plaque à 180°.
Cuisez les pieds de mouton dans un blanc aromatisé. Une fois cuits, désossez et coupez les pieds en cubes.
Faites étuver une mirepoix de carottes, de champignons, de céleri et de navets.
Faites étuver également les morceaux de pieds de mouton au beurre ; flambez-les au cognac, déglacez-les au madère, mouillez-les à la crème double.
Ajoutez du fond de veau et finissez avec la purée d'anchois et le basilic haché.
Mélangez la mirepoix à la préparation, garnissez les feuilletés et décorez avec une pointe de basilic entière.
Servez immédiatement.

Côtes d'agneau à la « Durand »

INGRÉDIENTS
(6 personnes)

Côtes d'agneau, 12 pièces
Ris d'agneau, 300 g
Rognons d'agneau, 100 g
Jambon cru, 100 g
Crépine, p. m.
Œufs, 4 pièces
Beurre, 125 g
Huîtres, 24 pièces
Carottes, 200 g
Champignons, 200 g
Courgettes, 1 kg
Cornichons, 30 g
Mie de pain, 200 g

Fendez en deux les côtes d'agneau (façon porte-feuille), farcissez-les avec une duxelle de légumes additionnée de rognons, ris d'agneau cuits, et jambon cru.
Refermez-les, enrobez-les de crépine d'agneau et panez-les à l'anglaise.
Faites-les cuire doucement, au beurre clarifié, dans un four moyennement chaud.
Préparation du ragoût
Faites suer un talon de jambon cru, quelques ris d'agneau, un peu de champignons frais.
Mouillez après cela avec un jus d'agneau et demi-glace, et laissez réduire.

(Suite de la recette page suivante)

urs de courgettes farcies, sauce pomme d'amour (Gleize).

Au moment de servir, ajoutez des jaunes d'œufs durs, des huîtres juste blanchies dans leur eau, quelques cornichons. Montez au beurre.

Dressage

Placez au centre de l'assiette deux côtes d'agneau.

Disposez en garniture, autour les spaghettis de courgettes, au centre le ragoût.

Entourez d'un cordon de jus d'agneau.

« L'Oursinade »

INGRÉDIENTS
(10 personnes)

Oignons, 0,200 kg
Tomates, 5 pièces bien mûres
Ail, 1 petite tête
Fenouil frais, 1 pièce
Céleri, 1 branche
Thym, 1 branche
Laurier, 3 feuilles
Huile d'olive, 15 cl
Beurre d'écrevisse, 100 g
Oursins, 2 douzaines
Beurre, 50 g
Farine, 70 g
Vin blanc, 3 dl
Poireau, 1 pièce
Persil, 3 branches
Concentré de tomates, 100 g
Poissons de roche (galinette, rouquiers, vives, congres, favouilles, St-Pierre, etc.), 2 kg
Crème fraîche, 5 cl

Nettoyez le poisson et tronçonnez-le en morceaux de 5 ou 6 cm de grosseur.

Préparez le roux : faites chauffer le beurre et incorporez la farine.

Dans une grosse casserole, versez l'huile d'olive et ajoutez les légumes. Faites suer les oignons, l'ail, le fenouil, le céleri, le poireau, le persil.

Versez le poisson dans la marmite et chauffez au maximum. Ajoutez le thym, le laurier, les tomates fraîches et le concentré de tomates.

Laissez s'exprimer les sucs de tous les ingrédients environ 10 minutes. Ajoutez le roux (50 g de beurre et 70 g de farine). Versez alors le vin blanc et complétez par 4 l d'eau.

Faites reprendre le bouillon. Ajoutez le sel, le poivre et laissez sur le feu moyen ou au four à 180° pendant 30 minutes.

Passez alors à la moulinette. Tout doit passer au travers. Refaites bouillir cette soupe en incorporant les oursins (laitance, eau et beurre d'écrevisse). Laissez bouillir 5 minutes et passez le tout au chinois étamine (le plus fin possible).

Redonnez un simple bouillon au moment de servir et incorporez la crème double.

Fricassée de sole et de rouget de roche à la barigoule

INGRÉDIENTS

6 personnes.
Soles, 3 pièces
Rougets de roche, 9 pièces
Beurre, 50 g
Vin blanc sec, 20 cl
Fumet de poisson, 20 cl
Artichauts violets, 14 pièces
Citron, 1 pièce
Huile d'olive, 10 cl
Carotte, 200 g
Oignon, 100 g
Basilic, thym, laurier, p.m.
Ail, 2 gousses
Sel, poivre

Nettoyez et lavez les poissons.
Placez-les dans un plat en fonte avec un peu de beurre et des échalotes hachées.
Mouillez avec du vin blan sec et du fumet de poisson.
Préparation des artichauts à la barigoule
Laissez 4 cm de queue aux artichauts.
Coupez le haut des feuilles.
Pelez le fond de l'artichaut et la queue à vif.
Frottez les fonds avec 1/2 citron.
Retirez le cœur (foin) à l'aide d'une cuillère à parisienne.
Chauffez de l'huile d'olive dans une cocotte.
Faites revenir les carottes coupées en rondelles et des oignons émincés.
Ajoutez les artichauts, herbes (thym, basilic, laurier, ail).
Mouillez avec du vin blanc, de l'eau.
Laissez cuire 15 minutes.
Cuisez votre poisson, réservez-le au chaud.
Réduisez la cuisson et liez-la avec un artichaut.
Passez au mixer.
Dressez les poissons en éventail ; les fonds d'artichauts en haut de l'assiette en forme de bouquet ; servez-vous également des carottes et des oignons de la barigoule pour la décoration ; quelques feuilles de cerfeuil au départ.

Paul Bajade : « Les Chênes Verts »

Fuyant Marseille, sa ville natale, Paul Bajade s'est installé à Tourtour, petite localité perchée sur les pré-Alpes varoises.

Il a bâti lui-même les murs de son restaurant, abandonnant pendant un an et demi les fourneaux, pour la pelle et la truelle, afin de remonter les murs incendiés d'une petite bergerie.

Amoureux de la nature qui l'entoure, il donne à sa maison le nom de l'arbre dominant de la région : « Les Chênes Verts ».

Curieux destin que celui de ce fils d'industriels qui, sans attendre les résultats du baccalauréat entre en apprentissage de cuisinier. Il fallait réaliser ce rêve d'enfant, qu'il caressait déjà lorsqu'il « bricolait » avec sa mère, dans la cuisine de la maison.

Il complète son bagage professionnel au Vendôme à Aix-en-Provence – sous les ordres de M. Charles Janon, en qui il reconnaît son « maître » – au Carlton à Cannes, monte à Paris à l'Hôtel Intercontinental, travaille à Lausanne en Suisse, au Grand Hôtel de Vittel, à Marseille au Cintra et occupe la place de Chef à la Bastide de Tourtour, à quelques kilomètres de là.

Deux années suffisent pour qu'il obtienne sa « première étoile Michelin », bien noté également dans les autres guides gastronomiques, sa réputation dépasse largement le cadre régional.

Epris de la campagne environnante, Paul Bajade s'adonne à la chasse, la pêche, la cueillette, pour proposer des plats n'apparaissant pas habituellement sur sa carte.

Il croit beaucoup à cette cuisine qui s'adapte au désir du client. Dès la prise de commande qu'il ne laisse le soin à personne d'effectuer, il cherche à établir le contact. Et de la qualité de cette communication, nait parfois une cuisine spontanée, d'humeur. « Je veux ressentir ce qu'attend le client, il faut que la relation accroche, et faire la cuisine en fonction de ce que l'on ressent, non de la carte ».

Il est vrai que la dimension réduite de l'établissement facilite ce type de restauration.

Une des meilleures saisons, tant pour la beauté de la forêt avoisinante que pour la table, est la fin de l'automne. Le gibier local permet de retrouver des saveurs que les citadins ont bien souvent oubliées.

Le produit « roi » chez Paul Bajade, est la truffe. Il l'aime au point d'avoir planté des chênes truffiers dont il attend la production avec impatience. Ne soyez pas surpris : la Truffe de Provence n'est pas une galéjade... le diamant noir paraît souvent dans la tradition de la veillée calendale, le soir de Noël. « La petite salade cloutée de truffes crues émincées est la préparation qui procure les meilleures sensations, son parfum embaume toute la salle ».

La personnalité de Paul Bajade a trouvé un cadre idéal pour s'exprimer et il serait bien étonnant qu'il redescende vers la ville, son bonheur est bien ici, dans ce charmant village de Tourtour.

Salade tiède de grive au genièvre

INGRÉDIENTS
(pour une personne)

Salade sauvage ou doucette, 1 bonne poignée
Grive, 1 pièce
Genièvre moulu, 1 cuillère à café
Beurre, 30 g
Echalote, 1 pièce
Vin rouge, 1 verre
Vinaigre de vin, 1 filet
Gin, 1 cuillère à soupe
Sel, poivre, p. m.

Levez les filets et les cuisses de la grive, assaisonnez-les au genièvre moulu.
Faites revenir à l'huile la carcasse concassée de la grive, flambez au Gin, ajoutez l'échalote hachée, le verre de vin rouge et le vinaigre. Réduisez à sec. Retirez la carcasse. Montez au beurre.
Passez à l'étamine. Ajoutez sel et poivre.
Poêlez les filets et les cuisses au moment de servir.
Dressez sur une assiette autour de la salade. Arrosez avec la sauce et servez aussitôt.

Barigoule de rougets de roche à l'huile d'olive

INGRÉDIENTS
(pour 4 personnes)

Rougets de roche, 12 pièces de 100 g environ
Concentré de tomate, 20 g
Huile d'olive, 1 dl
Ail, 4 gousses
Echalotes, 2 pièces
Julienne de carottes, champignons et fonds d'artichauts, 200 g
Tomates concassées, 200 g
Fenouil sauvage, quelques graines

Levez les filets des rougets. Retirez les foies et concassez-les.
Hachez l'ail et les échalotes.
Préparez la julienne de carottes, champignons, et fonds d'artichauts : cuisez-les séparément et mélangez-les.
Faites revenir à l'huile d'olive l'ail et les échalotes. Ajoutez le concentré de tomate qui sert à lier la sauce, avec une cuillère d'eau, si nécessaire.
Incorporez les foies.
Laissez cuire quelques minutes.
Pendant ce temps, poêlez les filets, mettez la sauce sur une assiette, disposez les filets en éventail avec la pincée de julienne au bas. Servez bien chaud.

Aiguillettes de canard aux truffes et poireaux

INGRÉDIENTS
(pour 2 personnes)

Magrets de canard, 2 pièces
Carcasse de canard, 1 pièce
Poireaux, 4 pièces
Truffes et leur jus, 25 g
Sel, poivre, p. m.

Faites un fond de canard avec la carcasse : concassez les os, faites revenir à l'huile avec une mirepoix. Ajoutez un bouquet garni. Mouillez au vin rouge. Faites réduire presque à sec. Montez légèrement au beurre sur le coin du feu.
Salez, poivrez.
Lavez, coupez en gros dés les poireaux. Faites-les blanchir.
Assaisonnez les magrets et faites-les cuire 15 minutes à four chaud, ils devront cependant rester rosés.
Dressez sur un plat les poireaux passés au beurre. Mettez par dessus les magrets coupés en tranches fines disposées en éventail.
Nappez avec le fond dans lequel on aura ajouté les truffes hachées et leur jus.

Gratin de poires aux amandes

INGRÉDIENTS

Poires Williams (de préférence), 6 belles pièces
Jaunes d'œufs, 3 pièces
Alcool de poire, 1 trait
Amandes broyées, 30 g
Sucre, 20 g
Amandes effilées
Génoise, 1 tranche
Sucre glace, p. m.

Préparez le sabayon : montez les jaunes d'œufs parfumés d'un trait d'alcool de poire.
Disposez au fond d'un poêlon en terre la génoise. Mettez les poires émincées par dessus.
Nappez du sabayon mélangé aux amandes et au sucre.
Parsemez d'amandes effilées.
Saupoudrez légèrement de sucre glace. Glacez à la salamandre.

Pierre et Jany Gleize : « La Bonne Etape »

Pierre Gleize est à l'origine un pâtissier-confiseur : profession particulièrement importante dans la tradition gastronomique provençale.

« Un jour de congé, en 1955, je travaillais à l'époque à Nice, je pars me ballader dans l'arrière-pays, et ma moto tombe en panne devant l'« Hôtel de la gare » à Château-Arnoux. Impossible de réparer... ! Je passe donc la nuit à l'hôtel. »

La suite, vous l'avez déjà devinée ; notre jeune pâtissier tombe amoureux du pays, mais aussi et surtout de la fille de l'aubergiste, Arlette, qui ne tardera pas à devenir Madame Gleize.

Les jeunes mariés décident de reprendre l'hôtel qui désormais s'appelle « La bonne étape », en souvenir de cette halte providentielle. Avec toute la rigueur qui caractérise les confiseurs, Pierre, guidé par son beau-père, se met à la cuisine. Et ce qui n'était qu'une honnête auberge de province, devient une des tables les plus recherchées du pays.

Le premier macaron Michelin, puis le second viendront concrétiser le réel talent de ce cuisinier-pâtissier-confiseur.

Avec acharnement, Pierre et Arlette travaillent le décor de cet authentique relais de poste du XVIIIe, à mi-chemin entre Grenoble et Nice, sur la route Napoléon. Ils écrèment les antiquaires de la région, à une époque où le rustique n'est pas encore à la mode, et donnent à cette demeure une ambiance incarnant parfaitement « la non démesure », qui caractérise, selon Giono, la Haute-Provence.

Jany, le fils de la maison, grandit au rythme de l'hôtel ; les étés se passent à la plonge, au jardin, puis en cuisine et en pâtisserie.

L'orientation après le bac ? La question ne se pose même pas ! Il s'inscrit à « l'Université des Grands Cuisiniers » : Guérard, Chapel, Troigros...

1981 : retour à Château-Arnoux. Ainsi s'engage peu à peu une passation de pouvoirs. Pierre annonce avec simplicité : « Je suis devenu tournant ». Le tournant, dans les grandes brigades de cuisines, était celui qui remplaçait les chefs de parties pendant leurs jours de congé, et avait donc une formation particulièrement complète. Secondé par ce jocker, Jany se sent en confiance, et s'exprime plus librement.

De ce surprenant compagnonnage qui renvoie au colombarium des idées fausses, le traditionnel conflit des générations ; de cette connivence entre Pierre et son fils, est née une des cartes les plus intelligentes que nous ayons rencontrées. Changeant deux fois l'an, elle propose en plus d'une cinquantaine de plats réellement enthousiasmants quatre superbes menus, en parfaite résonance avec l'esprit des lieux : le château, la Provence, la Durance, le gibier... A tel point que plusieurs repas ne parviennent pas à en épuiser les réserves.

Quel talent dans ce thon à la Denostitin, où le chocolat amer, avec une discrétion parfaite qu'on en oublie sa présence, met en valeur les saveurs de ce « cochon de mer ».

Quelle harmonie dans cette « Truffe Jarlandine au muscat de Beaume de Venise », et quelle redécouverte que ces « Joues d'agneau au Pourprier sauvage », légèrement acidulées par un petit déglaçage au vinaigre.

Et que dire des pâtisseries dans lesquelles s'exprime tant le métier de Pierre Gleize. Non dans des décorations racoleuses, mais dans le sablé d'une pâte, la friabilité d'un feuilletage, ou la légèreté d'une crème.

Pour communier avec la Haute-Provence, il faut absolument passer une nuit à la « Bonne Etape ». Et, lorsque, dégustant le merveilleux petit déjeuner sur la terrasse ensoleillée, vous verrez Pierre Gleize revenir du jardin les bras chargés de ces herbes dites de Provence, vous comprendrez le secret des saveurs de sa cuisine.

Fleurs de courgettes farcies sauce pomme d'amour

INGRÉDIENTS
(pour 6 personnes)

Farce
Fleurs de courgettes, 18 pièces (belles)
Courgettes, 3 pièces (moyennes)
Ail, 2 petites gousses
Menthe, 6 brins
Persil, 24 feuilles
Chapelure, 1 poignée
Bouillon de volaille ou de pot au feu, 25 cl
Œuf, 1 pièce
Huile d'olive, 6 cuillères
Sauce
Tomates, 500 g (fermes, mais mûres)
Huile d'olive, 12 cl
Ail, 1 gousse
Citron, 1 pièce
Coriandre, 5 g
Basilic, cerfeuil, persil, p. m.
Sel, poivre, p. m.

Farce

Passez les courgettes entières au robot-coupe, à cru. Cuisez-les avec l'ail haché revenu dans 5 cl d'huile d'olive (cuisez-les presque complètement).

Retirez-les du feu quand elles sont presque cuites.

Ajoutez du basilic haché, de la menthe, du persil haché, du sel et du poivre. Laissez refroidir.

Ajoutez chapelure et œuf.

Farcissez les fleurs à la poche.

Cuisez dans un plat à gratin les fleurs immergées dans le bouillon, côte à côte, versez de l'huile d'olive sur elles. Couvrez-les d'un papier aluminium et mettez-les au four moyen pendant 15 minutes.

Servez-les tièdes sur la sauce.

Sauce « pomme d'amour »

Préparez-la 12 heures avant, au moins.

Mondez, épépinez, coupez les tomates en petits cubes.

Salez et poivrez, ajoutez le citron pelé à vif, taillé en petits cubes, les herbes, le coriandre et l'ail écrasés. Remuez bien le tout.

Ajoutez l'huile d'olive.

Laissez mûrir cette sauce dans un endroit tiède.

Joues d'agneau au pourprier sauvage

INGRÉDIENTS
(pour 6 personnes)

Coulis de tomates, 2 dl
Huile d'olive vierge, 1 dl
Pernod, 3 cl
Vinaigre de vin, 5 cl
Sel, 5 g
Poivre, 1 g
Ciboulette ciselée, 1 cuillère à soupe
Ail, 1 gousse hachée fin
Vin blanc sec de Cassis ou de Châteauneuf du Pape, 1 dl
Joues d'agneau parées, 60 ou *Côtes d'agneau, 18 pièces*
Pourprier sauvage confit au vinaigre, 60 brins (ou Salicorne)
Huile d'olive, 1 dl
Beurre, 20 g
Côtes de blette, 600 g

Mélangez tous les ingrédients (coulis de tomates, huile d'olive vierge, Pernod, vinaigre de vin, sel, poivre, ciboulette ciselée) deux jours avant. Laissez à température ambiante et remuez de temps en temps.
Le jour venu, taillez les côtes de blettes en bâtonnets et faites-les cuire dans un « blanc ». Faites sauter vivement et rapidement les joues assaisonnées de sel et poivre dans l'huile d'olive et beurre réunis. Egouttez-les, déposez-les dans la sauce chauffée à 80 ou 90°. Laissez ainsi 30 minutes, sans bouillir.
Dégraissez votre casserole. Faites-y blondir l'ail haché. Déglacez avec le vin blanc et réduisez à 2 cuillères à soupe. Ajoutez ceci à la sauce.
Dressez au milieu de l'assiette les blettes chaudes, les joues autour, joliment arrangées, le pourprier sur chaque joue.
Nappez le tout de la sauce. Servez chaud.

Gâteau au melon

INGRÉDIENTS
(pour 8 personnes)

Génoise
Sucre en poudre, 250 g
Sel, 1 pincée
Œufs entiers, 8 pièces
Farine, 250 g
Confection du gâteau
Sirop, 25 cl
Vin Muscat, 1 verre à porto
Crème pâtissière, 5 dl
Crème fleurette, 5 dl
Gelée de framboise, 2 cuillerées
Melon de Cavaillon, 1 pièce de 700 g à 800 g.

On peut servir à côté un sorbet au melon (pulpe de melon plus sirop à 30°, plus jus de citron).

Mettez dans une bassine 250 g de sucre en poudre, 1 pincée de sel, 8 œufs entiers. Battez le mélange au bain-marie, sur feu doux, jusqu'à ce qu'il fasse le ruban. Retirez du feu, en continuant de battre jusqu'à refroidissement. Mélangez ensuite 250 g de farine tamisée.
Mettez dans un moule beurré et fariné, cuisez à four moyen (180°). Partagez cette génoise horizontalement, imbibez-la avec un sirop de melon parfumé au muscat de Beaume de Venise.
Garnissez-la d'une crème mousseline (pâtissière mélangée à de la Chantilly), parfumée vanille et Muscat et de tranches de melon pochées au Muscat.
Recouvrez de la deuxième abaisse de génoise, glacez le dessus avec la gelée de framboise ; décorez chantilly et motifs en melon.

Daniel Jourdan : « La Fuste »

Cette grande bastide de Haute-Provence, ancien relais de poste, abrite aujourd'hui l'hôtel-restaurant de Daniel Jourdan.

Fils de cuisinier, il se destine naturellement au métier et fait ses premiers pas avec son père, à Lodève, en Languedoc.

Descendant en Provence, Arles est la première étape de son itinéraire professionnel, puis il passe par Marseille et Marignane, avant de se fixer à Manosque, le pays de Giono.

Il ouvre son restaurant le 15 juillet 1967 et très rapidement se forge une solide réputation, confirmée dès 1969 par un premier « Macaron » au Michelin. En 1972, il est sélectionné pour la finale du concours de M. O. F.[1] et gagne 4 ans plus tard, celui de la Poêle d'Or.

La cuisine de Daniel Jourdan mérite une visite, très largement ouverte sur les jardins environnants, tapissée de carreaux vernissés verts et ocres sur lesquels se reflète une litanie de cuivres, elle donne l'impression de professionnalisme campagnard.

Les petites fermes et artisans des alentours sont les fournisseurs privilégiés de l'hostellerie de La Fuste : petites charcuteries, truffes, volailles, agneaux de lait, gigotins et autre légumes sont les éléments d'une authentique cuisine de terroir.

L'inspirateur privilégié de Daniel Jourdan est le plus célèbre des Manoscains, l'écrivain Jean Giono. « C'est dans ses récits que je découvre des recettes, comme cette truite, que j'ai baptisée « à la Jean Giono » – pochée sur une mirepoix de légumes, aromatisée au genièvre, fenouil et fines herbes, arrosée d'huile d'olive – ou ces paupiettes de jambon de Montagnac – un merveilleux hachis de truffes roulé dans une tranche épaisse de jambon sec, le tout cuit sur un lit de pommes de terre crémées ».

---

1. Meilleur Ouvrier de France.

Il nous avoue même nourrir l'espoir de créer un jour une véritable carte « gionesque » entièrement conçue de plats tirés ou inspirés des œuvres de Giono.

Lorsqu'il cesse de « cuisiner » le romancier... Daniel Jourdan retrouve des inspirations rabelaisiennes, témoin cet « agneau confit aux aromates », « la salade de broutard fumé », son « amande aux amandes »...

Ce cuisinier se définit comme un « ancien classique aimant la modernité », il a gardé le goût pour la portion copieuse et pratique une cuisine d'une générosité familiale.

A l'ombre des grands platanes plus que centenaires, retrouvez « Le Bonheur Fou »[2] dans une assiette de faïence de Moustiers.

Salade de gigot de broutard

INGRÉDIENTS

Gigot désossé, 1 pièce
Mesclun, 400 g
Pommes de terre, 300 g
Huile d'olive, 3 dl
Vinaigre, 1 dl
Sel, poivre, p. m.

Passez au sel gris le gigot, saupoudrez-le de thym et placez-le 24 h au froid.
Faites « fumer » le gigot pendant 4 heures. Séchez-le un mois à l'air libre, dans un endroit sec et tempéré.
Faites cuire les pommes de terre avec la peau, puis détaillez-les en petits dés.
Nettoyez le mesclun. Ajoutez les dés de pommes de terre tièdes.
Assaisonnez d'une vinaigrette à l'huile d'olive.
Dressez sur assiettes, puis disposez harmonieusement de fines tranches de gigot fumé.

2. *Le Bonheur Fou*, œuvre de Jean Giono, publiée en 1957 chez Gallimard.

Daurade en croûte de sel (Thuilier-Charial

Truite à la nage « Jean Giono »

INGRÉDIENTS
(pour 6 personnes)

Truites de 200 g, 6 pièces
Vinaigre de vin, 1 dl
Huile d'olive, 1 verre
Carotte, 1 pièce
Poireau, 1 pièce
Oignon, 1 pièce
Céleri, 1 branche
Ail, 3 gousses
Genièvre, 6 grains
Thym, p. m.
Graines de fenouil, p. m.

Etourdissez les six truites d'un coup sur la tête, videz-les et nettoyez-les rapidement sans les ouvrir et sans les laver, comme pour des truites au bleu.

Rangez-les dans un plat au fond duquel on aura mis un verre de vinaigre de vin, du sel et du poivre. Retournez-les plusieurs fois dans le vinaigre.

Laissez mariner 1/4 d'heure.

D'autre part, dans une casserole préalablement flambée au vinaigre, versez le mélange suivant : un verre à Bordeaux d'huile d'olive vierge, battu avec 5 verres d'eau, plus les légumes suivants : une carotte coupée en tranches fines, un poireau et un oignon coupés en rouelles, une branche de céleri, 3 têtes d'ail écrasées, assaisonnées de 6 grains de genièvre écrasés, une pincée de fleurs de thym, du sel, du poivre et une dizaine de baies de fenouil.

Faites bouillir abondamment 10 minutes. Il ne doit rester environ qu'un centimètre de liquide au fond de la casserole.

Posez les truites sur les légumes, couvrez, faites bouillir une minutes à plein feu et 4 minutes à feu doux.

Laissez reposer 5 minutes et servez les truites accompagnées de pommes anglaises.

iel Jourdan dans ses œuvres.

Agneau de lait confit aux aromates

INGRÉDIENTS
(pour 6 personnes)

Epaules d'agneau de lait, 2 pièces
Thym, romarin, pèbre d'ail, hysope, p. m.
Huile d'olive, 2 l
Poivre, 6 grains
Baies de genièvre, 8 pièces
Ail, 6 gousses

Désossez, assaisonnez, réservez au frais une nuit les deux épaules d'un agneau de lait.
Le matin, rincez-les et ficelez-les.
Dans un rondeau, mettez le thym, le romarin, la pèbre d'ail, l'hysope, rangez les épaules en les serrant. Couvrez d'huile d'olive. Ajoutez les grains de poivre, les baies de genièvre, et les gousses d'ail.
Faites confire une heure, arrêtez la cuisson et laissez refroidir.
Déficelez les épaules, passez-les dans un four chaud pour les dorer avant de les servir avec une ratatouille ou une fricassée de cèpes.

La Fuste

« Ah ! Dryades, Augustes Dieux,
qui poursuiviez la Fée Durance
dégringolant de ses Hauts-Lieux
dans sa course folle d'errance...

Souvenez-vous !... Comme c'est loin,
et près de vous, la belle histoire
de votre halte dans ce coin
où s'est inscrite votre gloire.

J'ai pu la lire dans vos bois
depuis la racine aux copeaux
s'enroulant autour de mes doigts
comme la soie en écheveaux.

– « Je suis fils de Petite Fuste »
m'ont dit ceux du Platane aïeul.
– « Et moi fils de la Grande Fuste
et du vieux Chêne trisaïeul »

C'était au vieux temps des Cavernes,
des Loups, des Ours, puis des Romains.
Et puis vint le temps des Tavernes
sur les rives des grands chemins.

La Fuste, qui devint faîtage,
compte ses ans... Le vieux linteau
au cœur de chêne n'a pas d'âge,
le vieil âtre, plus de manteau.

Dryade est devenue hôtesse
et l'Auguste, grand Maître-queux,
le Pare, un berceau de Déesse
et la chère, régal des Dieux.

Et toi ! qui lis sur cette page
ce que la Muse m'a conté
au cours de mon vagabondage
sera pour toi Conte enchanté.

Tu reviendras vers cette Fuste
goûter au charme des gourmets
et de tout ce qui se déguste
depuis le rêve aux meilleur mets.

Bon appétit ! Belle Amoureuse,
à toi aussi, son tendre Amant.
L'Amour est un sujet qui creuse,
mais un compagnon si charmant... »

Privat-Jean MOLINIER

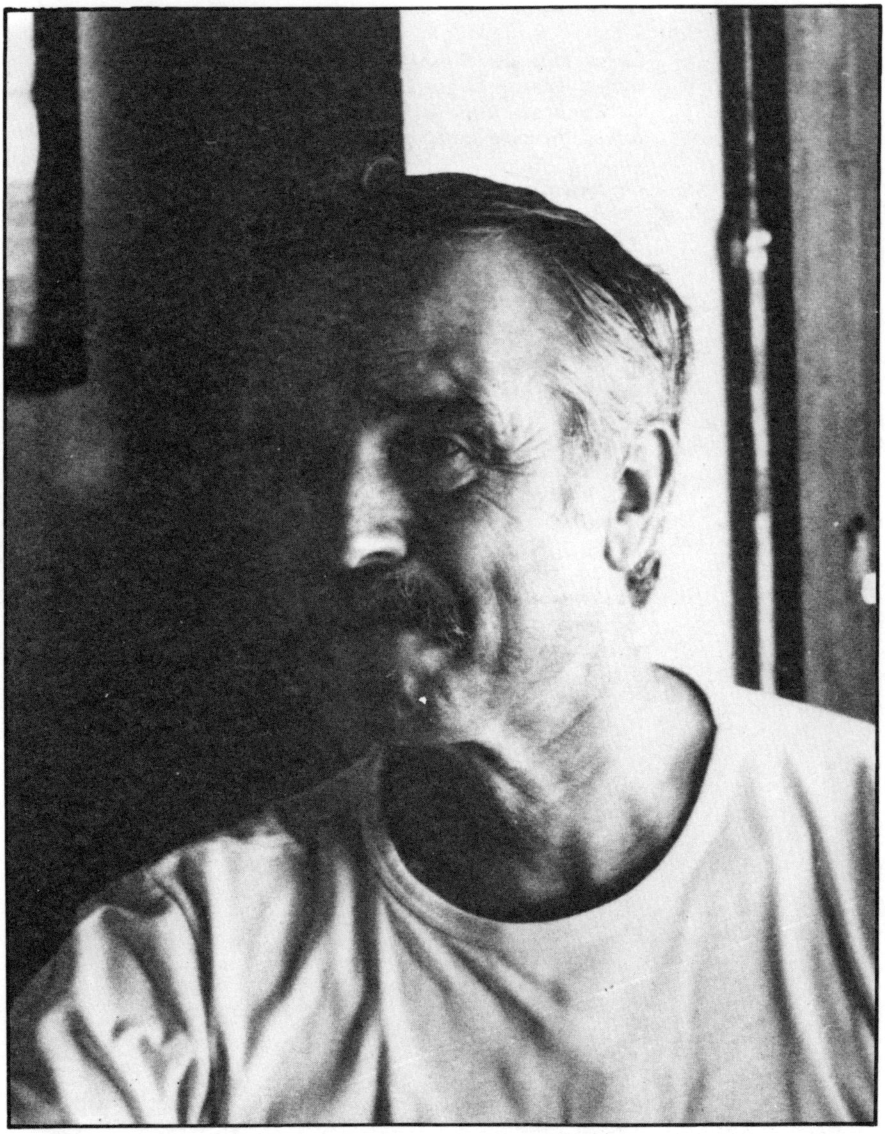

Guy Gedda : « La Tonnelle des Délices »

« Lou cousinié countaïre »

C'est en montant dans le charmant village provençal de Bormes-les-Mimosas, où les bougainvillées, les eucalyptus, les lauriers roses et les mimosas abondent que nous avons rencontré un personnage haut en couleur, Guy Gedda.

Issu d'une famille marseillaise, Guy est né pour la cuisine. Ses premiers pas, il les a faits dans « le restaurant de papa » où à dès 12 ans, il cuisine pour ses copains. En ce temps-là, la cantine de l'école n'offre que la soupe et le dessert composé d'un morceau de sucre et de pain, il faut donc apporter le plat de résistance. Guy se lève bien avant l'aube et prépare « le festin », qu'il partage avec ses camarades.

Délaissant les études, il entre en apprentissage dans la pâtisserie Brun, rue Loubon à Marseille, puis connaît la vie de commis de cuisine à l'hôtel Noailles sur la Canebière.

De cette époque, il garde un souvenir empreint de respect pour ses Maîtres qui, comme son père, travaillaient selon les principes du « plus grand des cuisiniers », Auguste Escoffier.

Maintenant, sans renier ce dernier, il avoue qu'un cuisinier contemporain doit se remettre en question et s'orienter vers une cuisine plus légère, plus imaginative.

« Notre société, plus sensible à l'embonpoint et au tracassin, doit avoir une cuisine adaptée à son époque ».

Le nom qui revient le plus souvent dans la bouche de Guy Gedda, est celui d'André Guillot. « Il est pour moi, dit-il, l'homme qui m'a fait naître à la cuisine ». Sa carte, dans laquelle il lui dédie un plat, est un vibrant hommage au Père de la vraie cuisine légère.

Un autre personnage a profondément marqué son enfance, contribué à former l'homme qu'il est maintenant : son instituteur. Chaque jour, après la classe, il faisait un détour pour le raccompagner et, tout en marchant, ce Sage Provençal tel un philosophe grec, lui enseignait le respect des choses et des êtres ; l'harmonie de l'univers.

Quarante ans plus tard, Guy recherche toujours cette harmonie tant dans les produits qui entrent dans sa cuisine, que dans ses relations avec le personnel et les clients qu'il considère comme de véritables complices.

La cuisine de Guy Gedda est, à proprement parler, un « délice provençal », ici, point de racines et de produits étrangers au terroir. S'il réactualise de vieilles recettes traditionnelles, jamais il ne s'égare sur les sentiers de la sophistication. Les saveurs sont toujours et avant tout respectées.

Guy n'est pas seulement un passionné de cuisine, il faut l'entendre parler de sa famille, de son village, de la peinture et de ses amis les peintres. Les murs de la salle de restaurant sont d'ailleurs illuminés des lithographies de Jean-Baptiste Valadié et Pierre Le Colas. A leurs côtés, les photographies des clients célèbres : artistes, écrivains, hommes politiques, attestent des visites importantes de « La Tonnelle des Délices ».

L'activité de Guy Gedda ne se limite pas à la cuisine, c'est un conteur dans la plus pure tradition provençale. Un jour, pour garder la mémoire de ces anecdotes qui se racontaient au coin du feu pendant les longues veillées d'hiver, il se met à écrire et publie un recueil d'historiettes. Cet ouvrage « Mon village hier »[1] est désormais un classique. Depuis, Bormes a ses célébrités : Piccolon, Faurette, Pastade, Enjoubert, Capalet, Sizempe...

Ce souci de transmettre et de perpétuer l'amour qu'il porte à son pays habite encore notre conteur et il ne nous étonnerait pas, qu'un jour prochain, paraisse un autre ouvrage qui serait son histoire, celle de sa cuisine, de sa Provence... mais c'est pour Guillaume seul, son petit-fils, son « Caganis », qu'il l'écrira.

« Eh be saï que mi agrado que s'énamouro de Prouvènço, es tan bon ; hoï qu'aco's me fera plesi... ».[2]

Un soir, allez découvrir ce personnage si attachant, il viendra, et de son bel accent chantant, vous contera une de ces galéjades qui fleurent si bon le soleil provençal.

---

1. *Mon village hier*, Guy Gedda, les Presses Universelles 1974.

2. « Et bien vois-tu, que j'aimerais qu'il « se l'aime » la Provence, ce serait si bien, et que cela me ferait plaisir ».

Croquettes de foies de·lapin au marc de Provence et aux baies de genièvre

INGRÉDIENTS
(pour une quinzaine de personnes)

Foies de lapin, 250 g
Beurre, 1 cuillère à soupe
Oignons, 2 pièces, soit 200 g environ
Porto, 4 cuillères à soupe
Marc de Provence, 1 cuillère à soupe
Œufs, 2 pièces
Sel, 12 g
Poivre, 3 pincées
Gras mouille, 500 g (achat chez votre charcutier)
Lait, 25 cl
Genièvre, 20 baies écrasées
Muscade rapée, 1/4 de noix.

Coupez les foies de lapin en deux ou trois morceaux.
Coupez le gras mouille en dés. Mettez à bouillir deux litres d'eau, dans une casserole. A ébullition, baissez le feu et pochez le gras mouille pendant 10 minutes.
Epluchez et hachez l'oignon.
Mettez un faîtout sur le feu avec le beurre.
Faites suer l'oignon haché, ajoutez et rissolez les foies pendant 2 minutes, en les remuant avec une cuillère en bois.
Déglacez au marc de Provence. Retirez le faîtout du feu.
Mettez le lait à bouillir, versez-le ensuite dans le faîtout.
Ajoutez le sel, le poivre, les baies de genièvre écrasées.
Egouttez le gras mouille, ajoutez-le ainsi que le porto, la muscade, et les œufs battus en omelette. Mélangez bien.
Passez le tout, solide et liquide encore chauds, au hachoir à viande grille fine.
Mettez cette préparation dans deux bocaux à fermeture hermétique d'1/2 litre.
Stérilisez les bocaux de mousse dans une marmite avec de l'eau à couvert, pendant 1 heure à 90° (à frémissement et non à ébullition). Vous pouvez garder ces bocaux un mois au réfrigérateur et vous en servir suivant vos besoins.
Coupez des tranches de pain de campagne d'1 cm d'épaisseur, tartinez-les de mousse de foie de lapin et passez-les au gril du four quelques minutes pour rendre le pain croustillant et la mousse de foie fondante.

Ces croquettes se servent naturellement chaudes et en hors d'œuvre avec des olives vertes et noires.
Il est préférable de sortir le bocal de mousse de foie du réfrigérateur deux heures avant de s'en servir, elle sera plus malléable à tartiner.

Pavé de lapereau

INGRÉDIENTS

Lapin, 1 de 1,500 kg
Veau, 250 g
Gras mouille, 250 g
Oignons, 2, moyens
Ail, 6 gousses
Céleri, 1 branche et ses feuilles
Persil, les feuilles de 5 branches
Sel fin, 1 cuillère à soupe rase
Poivre, 1 cuillère à café
Sommités de thym, 1 cuillère à café
Noix de muscade, 1 pointe de couteau
Lait en poudre, 1 cuillère à soupe rase
Œufs, 2
Marc de Provence, 2 cuillères à soupe

Rincez le persil, le céleri et coupez-les grossièrement. Coupez le veau en petits morceaux.
Coupez le gras mouille en dés. Pochez-le 10 minutes. Ajoutez l'ail et l'oignon, pochez le tout encore 5 minutes.
A l'aide d'une écumoire, retirez : le gras mouille, l'ail, l'oignon. Laissez bien égoutter dans une passoire.
Désossez le lapin, mettez à part la peau du ventre qui est plus coriace. Découpez la chair noble du lapin en dés.
Passez au hachoir électrique le gras mouille, l'ail, l'oignon, le persil, le céleri, la peau du ventre et le veau.
Mettez ce hachis dans un récipient avec la chair du lapin, le sel, le poivre, le thym, la muscade, le lait en poudre, les œufs battus en omelette et le marc de Provence. Mélangez bien le tout.
Prenez deux moules à pâté, remplissez-les de farce.
Mettez ces terrines dans un plat au bain-marie sur le feu. Donnez une petite ébullition de 5 minutes.
Mettez ensuite à four moyen pendant 45 minutes.
A la sortie du four, posez sur chaque terrine une planchette avec des poids.
Laissez refroidir dans le moule. Ne démoulez que le lendemain, après une nuit au réfrigérateur.

Le pavé de lapereau peut se manger froid en hors-d'œuvre. Mais, il serait plus original de le couper en tranches de 2 ou 2,5 cm d'épaisseur et de passer ces tranches dans une poêle avec du beurre ou de les griller sur une braise de sarments de vigne ou bien encore de les enfourner sous le gril du four et de les servir en plat de viande, accompagnées d'un gratin de courgettes.

Ci-contre : *Cigales de mer tronçonnées en bisque rouge sirupeux (Passéda*
Pages suivantes : *Guy Gedda devant « La Tonnelle des Délices*
Page de droite : *Tronçon de loup de ligne en huile d'olive des Alpilles (Passéda*

Les TROIS FORTS

Favouilles farcies

INGRÉDIENTS

Le coulis de favouilles
Favouilles vivantes de 100 g, 24 pièces
Huile d'arachide, 12 cuillères à soupe
Marc de Provence, 4 cuillères à soupe
Echalotes, 8 pièces
Poireau, 1 pièce
Tomates mûres, 8 pièces
Ail, 6 gousses
Vin blanc de Provence, 5 dl
Eau, 1 l
Sel fin, 1 cuillère à café
Poivre, 3 pincées
Laurier, 2 feuilles
Fenouil sauvage, 5 tiges de 10 cm
Piment de Cayenne, 1 pointe de couteau
Safran, 1 dose

La farce
Pain, 100 g
Lait, 10 cl
Fleurette, 10 cl
Seiche, 1 pièce de 400 g
Huile d'arachide, 5 cuillères à soupe
Poisson, 250 g (si possible deux variétés)
Ail, 6 gousses
Persil, feuilles de 10 tiges
Beurre, 1 noix
Echalotes, 6 pièces
Crevettes décortiquées, 50 g
Champignons de couche, 200 g
Vin blanc de blancs de Provence, 25 cl
Œufs, 2 pièces
Sel, poivre, p. m.
Laurier, 1 feuille
Fenouil, quelques tiges

Le coulis de favouilles :
Mettez la moitié de l'huile d'arachide à chauffer dans un faîtout, jetez-y les favouilles, faites-les sauter.
Dès qu'elles changent de couleur, flambez-les au Marc de Provence. Versez ensuite la moitié du vin blanc. Laissez légèrement réduire.
Retirez les favouilles du faîtout. Décortiquez-les. Réservez le côté carapace et 6 paires de leurs plus belles pinces. Dans un bol, réservez le jus de cuisson.
Remettez le reste des favouilles, c'est-à-dire les pattes et les viscères dans le faîtout de cuisson. Versez le restant d'huile, à l'aide d'une spatule en bois pilez, écrasez l'ensemble.
Ajoutez les échalotes et le poireau émincés, faites blondir. Versez le restant de vin.
Ajoutez le fenouil, l'ail, les tomates concassées.
Cinq minutes après, salez, poivrez, versez l'eau et le jus de la première cuisson.
Donnez 15 minutes de petite ébullition. Pimentez, safranez.
Passez à la grosse passoire en écrasant le tout avec un pilon. Jetez les déchets, passez la sauce au chinois.

La farce :
Faites tremper la mie de pain avec le lait et la crème.
Nettoyez la seiche, cuisez-la dans de l'eau salée pendant une heure au moins. Dans cette eau, ajoutez le laurier et le fenouil.
Salez, poivrez le poisson à cru, cuisez-le à la vapeur pendant une minute.
Laissez tiédir, ôtez les arêtes, la peau, émiettez la chair.
Hachez l'ail et le persil ensemble. Hachez les échalotes et les champignons. Coupez les crevettes en 3 ou 4 morceaux.
Pressez la mie de pain dans vos mains, ne jetez pas le mélange lait-fleurette qui reste. Passez la seiche, la mie de pain au mixer, ajoutez les œufs entiers.

n de brandade de morue sauce méridionale (Bayon).

Dans un rondeau, faites chauffer l'huile, blondir les échalotes. Versez ensuite le vin blanc, faites réduire de moitié à petit feu. Ajoutez les champignons, le poisson émietté, les crevettes, le beurre, l'ail et le persil hachés. Mélangez bien, 5 minutes après, ajoutez le mélange « mixé » seiche, œufs, mie de pain. Salez, poivrez.
Au fouet, incorporez à cette farce le mélange lait-fleurette et une louche de coulis de favouilles. N'arrêtez pas de tourner. Laissez le feu jusqu'à bouillonnement, retirez aussitôt car la préparation accrocherait. Laissez refroidir.
Farcissez les favouilles avec la poche de pâtissier ou la cuillère à café. Mettez-les dans un plat à gratin avec du coulis de favouilles.

Les favouilles farcies seront gratinées avec délicatesse et subtilité. Enfournez-les juste 15 minutes avant de les déguster, dans un four à 180 ou 190°.

Vin d'oranges « au rosé de Provence »

INGRÉDIENTS

Vin rosé « Côtes de Provence », 3 l
Alcool nature à 40°, 5 dl
Sucre, 400 g
Citrons non traités, 2 pièces
Oranges, 4 pièces
Oranges amères, 2 pièces
Bâtonnet de cannelle, 1

Dans une bonbonne de 5 litres, à large goulot, versez le rosé, le sucre et l'alcool.
Bouchez la bonbonne et agitez-la. Répétez ce geste deux fois encore dans la journée.
Le lendemain, lavez et brossez les citrons, les oranges douces et amères, coupez-les en rondelles.
Ajoutez dans la bonbonne le bâtonnet de cannelle, les citrons, les oranges douces et amères.
Une fois par semaine et pendant 6 semaines, agitez la bonbonne.
Après 40 à 45 jours de macération, vous filtrerez le contenu à travers un linge. Soutirez le vin d'oranges en bouteilles. Il se gardera plusieurs mois.
Servez-le glacé.

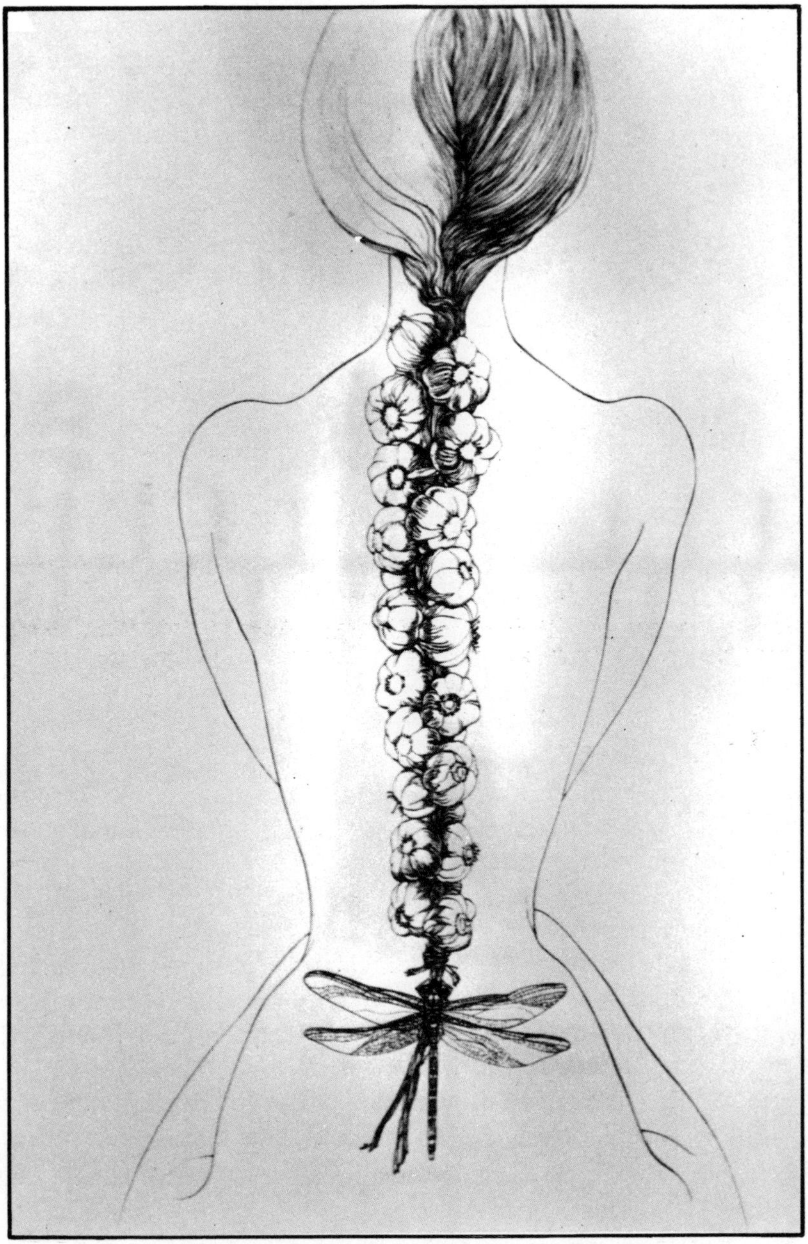

Aux murs du restaurant de Guy Gedda,
« Histoire d'Aulx »
lithographie de Pierre Le Colas.

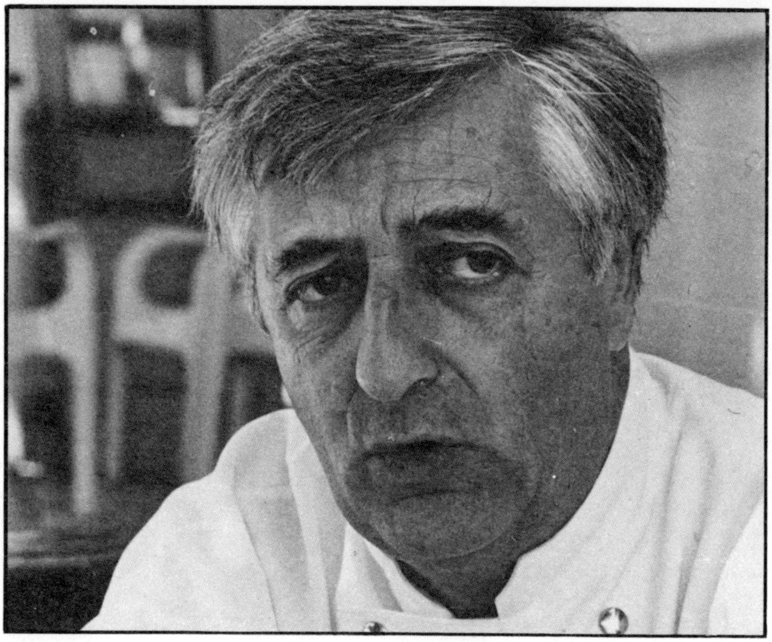

Jean-Paul et Gérald Passédat : « Le Petit Nice »

Dans la grande cité cosmopolite de Marseille, vous découvrez, à l'extrémité de l'Anse de Maldormé[1], une magnifique résidence surplombant la mer, le Petit Nice.

Germain Passédat crée cet établissement en 1917 en achetant la « villa Corinthe » et le baptise « le Petit Nice ».

C'est dans cette maison que sont nés les actuels Maîtres des Lieux, Jean-Paul et son fils Gérald Passédat. Une passion commune les lie : l'amour de l'art. Si Jean-Paul Passédat a fréquenté le Conservatoire, Gérald avoue une préférence pour le théâtre.

Néanmoins, c'est devant un « piano »[2] qu'ils se retrouvent, pour faire la cuisine dont ils disent qu'elle est « l'art des goûts, comme la musique est l'art des sons ».

---

1. Anse de Maldormé : la légende veut que les condamnés à mort qui allaient être pendus sur une des petites îles proches de ce lieu, passent ici leur dernière nuit, pendant laquelle bien peu parvenaient à trouver le sommeil.

2. Piano : appellation du fourneau dans le langage professionnel.

La maison, telle que nous la connaissons, a beaucoup évolué. Au début, « il fallait faire de l'argent pour vivre et nous prenions toutes les manifestations, ceci nous a permis de faire des travaux au fil des ans ».

L'année 1974 marque le nouveau démarrage de l'entreprise, la cuisine se tourne vers la Gastronomie. Les lauriers ne se font guère attendre ; 3 ans plus tard, Jean-Paul Passédat décroche sa première étoile au guide Michelin et en 1981 la seconde. Celles-ci ne l'empêchent pas de se remettre constamment en question, car dans la restauration deux fois par jour, il convient de prouver son sérieux et la qualité de son travail.

La cuisine du Petit Nice est marquée par l'influence marseillaise et provençale, sans toutefois l'être à l'extrême. N'oubliez pas que vous êtes dans un « Relais & Château - Relais Gourmand » où l'harmonie entre le confort de l'hôtel et la qualité de la table est une priorité. La cuisine est donc pensée pour être proposée dans les meilleures conditions de dégustation.

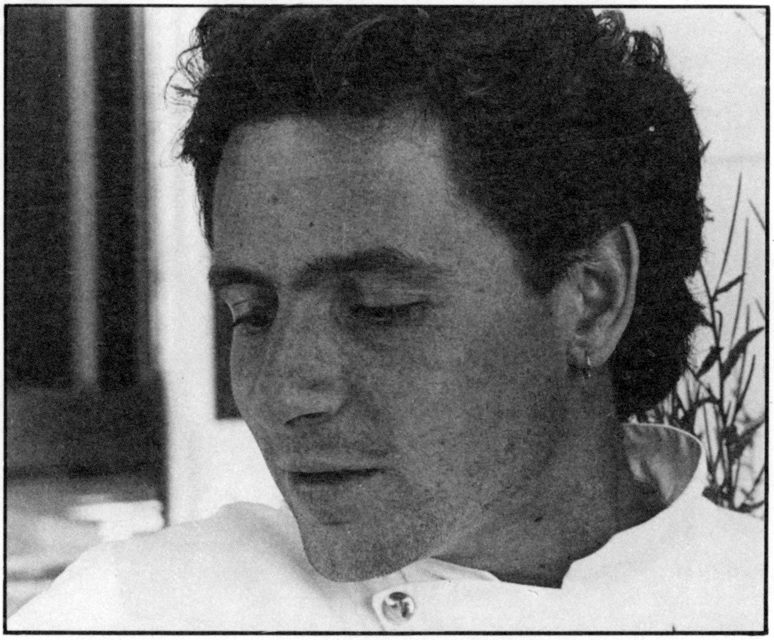

Un plat aussi classique que la bouillabaisse devient chez ces amoureux du théâtre une véritable pièce en trois actes. Successivement, vous apprécierez la brunoise aromatique et coquillages, le court râgout phocéen aux pistils de safran, et enfin la soupe de roche aux favouilles.

L'aïoli se présente ici sous la forme de strates de légumes montées en cercle, une composition originale renouvelant complètement ce plat traditionnel.

Vous aimez l'aventure ? Le « Menu Découverte » vous conduit au hasard des intuitions de Gérald Passédat qui improvise dans un répertoire chaque jour renouvelé.

La maison des « Passédat » est à l'image de leur ville, les cultures s'y superposent. La villa d'origine est de style grec. Gérald puise son inspiration dans la lecture d'ouvrages anciens de gastronomie romaine, tels « Les dix livres de cuisine d'Apicius », son livre de chevet actuellement, en même temps que dans la tradition gastronomique provençale. De cette mosaïque culturelle émerge le sens de la Fête du Monde Méditerranéen.

La salle de restaurant, de forme circulaire, facilite l'évolution. Elle vient d'être dotée, récemment, d'un nouveau décor entièrement voué à la mise en valeur du cadre naturel. Pas de tableaux aux murs. « Le spectacle de la mer est l'unique, la meilleure préparation aux plaisirs gourmands ».

L'avenir est déjà le présent au Petit Nice. Jean-Paul et son fils forment un duo interchangeable ; Gérald s'exprime librement et impose peu à peu son sens de la Fête.

Aïoli doux de légumes

INGRÉDIENTS

Poireaux, 500 g
Pommes de terre, 300 g
Carottes, 100 g
Ail, 20 g
Jaune d'œuf, 1 pièce
Artichauts, 1,250 kg
Oignons, 50 g
Thym, laurier, gros sel, p. m.
Huile d'olive, 5 dl
Betteraves, 300 g
Epinards, 1 kg
Choux verts et navets, 250 g
Fenouil, 50 g
Céleri rave, 250 g
Lard fumé, 20 g
Citron, 2 pièces
Vin blanc, 5 dl

Il faut que la couleur des straters de légumes soit bien distincte et séparée par le blanc que forme l'aïoli proprent dit. C'est en fait un gâteau de légumes dont la présentation résultera de l'effort fourni à son exécution.

Mettez à dessaler la morue à l'eau courante.
Mondez les tomates, coupez-les en dés.
Taillez la garniture aromatique de la barigoule : oignons, carottes, fenouil, ail, bouquet garni, lard fumé.
Tournez les artichauts et passez-les au citron, puis plongez-les dans un blanc formé d'un peu de farine, d'eau et de jus de citron.
Faites revenir la garniture aromatique dans de l'huile d'olive, ajoutez les artichauts, déglacez au vin blanc et mouillez à l'eau.
Assaisonnez de gros sel et de mignonette. Cuisez jusqu'au terme de la cuisson.
L'aïoli
Cuisez les pommes de terre à l'eau, écrasez l'ail cru et additionnez de pommes de terre cuites et chaudes.
Montez à l'huile d'olive et rectifiez l'assaisonnement. Cuisez les légumes craquants : le céleri rave, les betteraves rouges, les navets, les poireaux.
Rafraîchissez tous ces légumes et taillez-les à l'aide d'un cercle à une épaisseur d'un demi-centimètre.
Montez en strates tous ces légumes. Entre chaque strate de légumes, disposez une fine pellicule d'aïoli. La morue étant dessalée, cuisez-la à la vapeur et effilochez-la.
Dégraissez la cuisson des artichauts barigoule et mixez deux fonds d'artichauts dans cette dernière. Montez ce jus avec 50 g de beurre, ajoutez cerfeuil, persil, ciboulette, fenouil concassés.
Réservez cette sauce.
Mettez à chauffer l'aïoli en strates dans un four chauffé à 180°, pendant 8 à 12 minutes.
Après cuisson, démoulez l'aïoli au centre d'une assiette, effilochez la morue tiède autour de ce dernier et nappez le pourtour du jus de barigoule dans lequel on aura ajouté quelques dés de tomates concassées.

Cigales de mer tronçonnées en bisque rouge sirupeux

INGRÉDIENTS
(pour 4 personnes)

Cigales, 2 pièces de 700 g
Beurre, 150 g
Echalotes, 150 g
Vin de pêche (Rinquinquin), 2 cl
Cognac, 2 cl
Vin rouge de Bandol, 25 cl
Vin rouge ordinaire, 75 cl
Fumet de poisson, 50 cl
Concentré de tomates, 1/2 cuillerée à soupe
Tomates fraîches, 4 pièces
Navets fanes, 8 pièces
Oignons fanes, 8 pièces
Carottes fanes, 8 pièces
Pointes d'asperges, 16 pointes.

Gastrique de fruits rouges

Cassis, 50 g
Mûres, 50 g
Confiture de cassis, 50 g
Vinaigre de vin rouge,, 3 cl
Citron pressé, 1 cl

Découpez les cigales vivantes en tronçons réguliers de 1 cm de largeur. Concassez la tête des deux cigales.
Ciselez les échalotes et réservez-les.
Mettez 100 g de beurre à blondir dans un sautoir. Saisissez les tronçons de cigales sur les deux faces.
Assaisonnez et retirez au terme de leur cuisson. Ajoutez les rascasses et faites-les revenir à feu vif.
Réduisez le feu, ajoutez les échalotes, calmez la cuisson, déglacez au rinquinquin et au cognac, réduisez à glace, adjoignez les deux qualités de vin rouge, et réduisez à demi-glace.
Ajoutez alors 50 cl de fumet de poisson, le concentré de tomates et les tomates fraîches concassées.
Réduisez de moitié.
Passez au mixer, puis au chinois.

Dans une sauteuse en inox, disposez les fruits ainsi que la confiture et sur feu doux, obtenez un léger caramel. Déglacez au vinaigre et jus de citron, réduisez à nouveau de moitié, jusqu'à obtention d'un liquide sirupeux.
Dans cette préparation chaude, versez la réduction des carcasses que l'on vient de passer au mixer. Laissez cuire à feu doux pendant 10 minutes.
Passez au chinois étamine. Montez ce bisque sirupeux avec 50 g de beurre.
Cuisez à l'eau bouillante et assaisonnez les légumes fanes, tenez-les croquants et rafraîchissez-les à l'eau glacée.
Disposez au centre d'une assiette chaude les tronçons des cigales et un bouquet de légumes au milieu.
Nappez le pourtour du bisque sirupeux après en avoir rectifié l'assaisonnement, et envoyez bien chaud.

Tronçon de loup de ligne en huile d'olive des Alpilles

INGRÉDIENTS
(pour 4 personnes)

Concombres, 2 pièces de 200 g
Courgettes, 2 pièces
Basilic (jeune), 1 bouquet
Citrons jaunes, 2 pièces
Truffes fraîches, 60 g
Jus de truffes, 1 dl
Gros sel, 15 g
Beurre, 50 g
Huile d'olive vierge (première pression à froid), 50 cl
Loup de Méditerranée, 1 pièce de 1,500 kg

Epluchez les concombres. Taillez-les en julienne. Blanchissez-les 10 secondes à l'eau bouillante fortement salée, sans oublier de les rafraîchir à l'eau glacée.
Lavez les courgettes. Taillez-les également en julienne avec leur peau.
Zestez les deux citrons. Réservez leur jus. Blanchissez-les.
Coupez en fines lamelles les truffes fraîches.
Mettez à mariner tous ces ingrédients dans un sautoir de dimension appropriée (concombres, courgettes crues, lamelles de truffes, zestes de citron, jus de citron, jus de truffe, gros sel, mignonette, basilic ciselé aux ciseaux, huile d'olive vierge).
Chauffez cette marinade et maintenez-la chaude pendant une heure.
Après avoir retiré la peau des filets de loup, tronçonnez-les en diagonale pour obtenir 4 portions de 130 à 150 g.
Clarifiez 50 g de beurre.
Dans un plat à four, alignez les 4 tronçons. Mouillez-les avec 2 dl de fumet, beurrez-les avec le beurre clarifié.
Assaisonnez à l'aide de la mignonette et du gros sel.
Recouvrez hermétiquement à l'aide d'un papier aluminium. Braisez au four pendant 6 minutes.
Disposez dans une assiette creuse la marinade de légumes avec très peu d'huile d'olive. Disposez sur chaque assiette un tronçon de loup. Nappez du jus de cuisson.

Quel mariage merveilleux d'acidité et d'onctuosité, un excellent poisson pour un repas de fête !

Raymond Thuilier et J.-A. Charial : « L'Oustau de Baumanière »

Si vous demandez pour quelles raisons les Baux de Provence sont universellement connus, on évoquera tour à tour :

– la famille des Seigneurs des Baux, connue au travers de romans[1],

– le village pittoresque planté au cœur des Alpilles, immortalisé par Louis Jóu ;

– et surtout, l'Oustau de Baumanière, haut-lieu de la gastronomie.

L'engouement que connaît ce village est récent, Raymond Thuilier est l'homme qui a fait revivre ce si joli « pays ». C'est en 1940 qu'il découvre et achète Baumanière, vieux mas édifié vers la fin du XVIIe siècle, niché entre rochers et oliviers.

Lorsque, en 1945, « l'Oustau » ouvre ses portes, son petit-fils Jean-André Charial voit le jour dans la capitale.

L'itinéraire de Raymond Thuilier est peu banal. L'hôtellerie qui fut son berceau n'est devenue son métier qu'à l'âge de 52 ans. Ce savoyard d'origine découvre la cuisine au contact de sa mère qui tient la gérance du Buffet de la Gare de Privas, mais la situation précaire de sa famille le force à quitter l'école pour devenir facteur-enfant.

Plusieurs places de manœuvre à Lyon et en Angleterre, la guerre, puis le monde des assurances dans lequel il connaît une réelle réussite sociale, sont autant d'étapes, avant de revenir à l'hôtellerie. Car telle était bien sa destinée.

Baumanière est à l'heure actuelle un des plus anciens établissements couronné par le célèbre Guide Michelin. Trois étoiles scintillent à son fronton depuis 1954 ; cette consécration venant après seulement 8 années d'exploitation.

---

1. Jean Boissieu, *La Louve des Baux*, *Le Seigneur des Baux*, Editions Mengès.

Depuis cette époque, la cuisine de Baumanière n'a jamais cessé de se renouveler, sans s'écarter des principes de base : simplicité, qualité du produit, précision technique, souci du petit détail : en fait un véritable sacerdoce.

Raymond Thuilier a une passion lorsqu'il quitte les fourneaux, la peinture. Cet art présente bien des similitudes avec la cuisine, mais laissons-le s'exprimer sur ce sujet. « La peinture est comme la cuisine : une émotion que l'on ressent, une vision encore floue, imprécise que l'on essaie d'exprimer et de porter à sa perfection, à l'aide d'un certain nombre d'éléments qu'il s'agit de combiner : les couleurs, le grain de la toile, la caresse du pinceau. Il ne s'agit pas de reproduire ce que l'on a devant les yeux, car la peinture ne copie plus la réalité, mais d'exprimer une émotion au moyen d'éléments physiques et chimiques. C'est pourquoi, je ne m'étonne point de retrouver les mêmes termes techniques dans l'art pictural que dans l'art culinaire : un jus, une sauce, un navet, une croûte ».[1]

Raymond Thuilier n'est plus seul à entretenir les feux de « l'Oustau », son petit-fils Jean-André Charial, l'a désormais rejoint.

Diplôme d'HEC en poche, Tour de France dans les meilleurs restaurants, suivant l'exemple de son grand-père, il prend l'habit de cuisinier. Et maintenant qu'il préside aux destinées des fourneaux, un souffle nouveau balaye le « Val d'Enfer ». Il est des dons qui sautent une génération !

La grande intelligence de Jean-André Charial s'exprime dans la volonté de faire vivre l'esprit de Baumanière. La carte conserve quelques plats fétiches de la maison, tel cet universellement connu « Gigot d'agnelet en croûte », mais développe sa « pensée provençale » en jouant sur les poissons comme avec ce « Filet de rougets au vin rouge et fondu de poireaux » qui frise la perfection ou encore sur les légumes fraîchement cueillis dans le jardin de l'Oustau.

Ici, point de folklore paysan, mais une réelle authenticité du produit : sans doute le luxe suprême.

Pour l'heure, il caresse le rêve d'acheter un domaine viticole pour faire un vin Provençal, « digne de l'Oustau de Baumanière ».

Cette grande maison se trouve sous sa conduite, comme ragaillardie. Dans ce coin de Provence, Baumanière reste un havre de sérénité où s'exaltent les valeurs du Beau et du Bien.

---

1. *Les grandes heures de Baumanière*, R. Thuilier Ouest-France.

Rougets au vin rouge

INGRÉDIENTS

Rougets barbets, 4 pièces de 200 g
Poireaux, 2 pièces
Ail, 4 gousses
Tomates, 2 pièces
1 arête centrale de saumon ou 500 g d'arêtes de congre
Oignon, 1 pièce
Carotte, 1 pièce
Céleri, 1 branche
Vin Côtes du Rhône, 2 l
Anchois, 2 pièces
Vermicelles, 100 g
Beurre, 120 g

Levez les filets des rougets.
Epluchez et coupez en petits morceaux l'oignon, la carotte et le céleri.
Tronçonnez l'arête de saumon ou de congre. Ecrasez trois gousses d'ail et hachez la quatrième. Coupez les tomates en morceaux.
Lavez les poireaux et coupez-les en petits morceaux.

Préparation de la sauce

Dans une grande casserole, mettez 20 g de beurre et faites revenir les petits morceaux d'oignon, carotte et céleri avec l'arête de saumon ou de congre tronçonnée.
Laissez cuire 8 à 10 minutes à feu très doux, le temps que ces différents composants rendent leurs sucs qui se déposeront et caraméliseront au fond de la casserole, puis ajoutez les morceaux de tomates et les trois gousses d'ail écrasées.
Mouillez tout de suite avec les 2 l de vin et laissez réduire à peu près 45 minutes ; il ne doit subsister environ que 5 cl de liquide.
Ecumez de temps en temps. Ajoutez en fin de réduction les deux anchois. Passez le tout au chinois étamine. Conservez cette sauce au chaud, dans un petit récipient couvert mis au bain-marie.

Préparation de la purée de poireaux

Mettez les petits morceaux de poireaux avec 20 g de beurre dans une sauteuse munie d'un couvercle et faites cuire à couvert, sur feu doux, pendant une dizaine de minutes.
Passez le tout au mixer pour obtenir une purée. Salez selon votre goût, ajoutez un tout petit peu de beurre, remuez et conservez au chaud. Un deuxième récipient couvert au bain-marie fera l'affaire.

Préparation des petits pâtés de vermicelles
Faites revenir les vermicelles crus dans du beurre avec la gousse d'ail hachée. Lorsqu'ils deviennent bruns, mettez-les dans de petits moules à gâteaux bien beurrés, arrosez chacun d'eux avec une cuiller à soupe d'eau (ou, si par chance on en dispose, de consommé) et mettez au four à 250°, une dizaine de minutes.

Préparation des rougets
Salez et poivrez les filets et cuisez-les à la vapeur 3 minutes environ. C'est là le point le plus délicat de la recette, car il ne faut surtout pas trop cuire les rougets.

Finition de la sauce
Pendant la cuisson des rougets, montez la sauce au beurre avec les 80 g restant.

Présentation des assiettes
Préparez les assiettes (préalablement chauffées) en cuisine de la façon suivante : dressez sur chaque assiette un flan de vermicelles , 1 cuiller de purée de poireaux de chaque côté du flan et un filet de rouget sur chacun de ces deux « lits » de purée de poireaux.
Nappez le tout de la sauce au vin montée au beurre.

Gigot d'agneau en croûte

INGRÉDIENTS

Gigot, 1 pièce d'un kilo
Rognons d'agneau, 2 pièces
Thym, romarin, p. m.
Pâte feuilletée
Jaune d'œuf, 1
Madère, 1 verre

Choisissez un beau petit gigot d'agneau pesant moins de 1 kilo. Enlevez, avec un couteau à lame fine et pointue, l'os du milieu. Dégagez les chairs de l'os pour arriver jusqu'à la jointure. Sectionnez à cette jointure et enlevez.
Faites passer à la poêle, dans un peu de beurre, les rognons d'agneau coupés en petits carrés. Déglacez au madère, ajoutez thym et romarin.

Mettez cette préparation dans la cavité laissée par l'os du gigot.
Reconstituez le gigot en rapprochant les chairs et en les fixant par deux ou trois points de couture. Salez et poivrez.
Frottez le gigot avec un peu de beurre.
Enfournez à feu vif pour saisir la viande et faites-lui rendre son eau.
Laissez cuire environ une quinzaine de minutes.
Retirez du four et entourez d'une pâte feuilletée, étendue finement au rouleau.
Dorez le dessus au jaune d'œuf et remettez au four 10 minutes pour terminer la cuisson.

Daurade en croûte de sel sauce au pistou

INGRÉDIENTS

Daurade, 1 pièce de 1,2 kg
Gros sel marin, 2 kg
Pour la sauce
Huile d'olive (excellente), 25 cl
Basilic, 1 bouquet
Tomate, 1 pièce
Ail, 1/4 de gousse
Vinaigre de Xérès, 1/2 cuillère à café
Echalote, 1/2 pièce

Préchauffez le four. Videz le poisson, supprimez la nageoire dorsale, mais surtout n'enlevez pas les écailles, car elles forment une protection sous la croûte de sel et permettent, après la cuisson, de mieux dépouiller la daurade.
Préparation du poisson
Disposez une couche de sel dans le plat, posez le poisson dessus et recouvrez avec le reste du sel.
Cuisez au four 30 minutes. Ce temps très précis n'est valable que si le four a été longuement préchauffé à la température de 230°.
Préparation de la sauce
Il est préférable de la préparer un ou deux jours à l'avance.
Hachez finement les feuilles de basilic, hachez la tomate mondée. Faites macérer le tout dans l'huile d'olive avec la pointe d'ail écrasée, la demi-échalote finement hachée, le vinaigre de Xérès, le sel et le poivre.

En laissant la sauce macérer un jour ou deux, elle sera davantage parfumée.

Jacques Maximin : « Le Négresco »

Lorsque nous arrivons dans la cuisine du Chantecler, Jacques Maximin nous fait remarquer que nous ne sommes plus tout à fait en Provence. Inquiétude ! Rapidement, nos doutes se dissipent, car si le terroir niçois est teinté de particularismes, l'homme qui nous parle est bien un ardent défenseur de cette cuisine ensoleillée qui règne du Rhône à l'Italie et de la mer aux Alpes. Il revendique même le titre de premier régionaliste du pays.

« La Provence, j'ai aimé ce pays avant même d'en connaître la cuisine. Ce fut comme un coup de foudre, une intime conviction d'avoir vécu ici dans une vie antérieure ».

· Voilà pour les grincheux, qui ne savent lire les identités culturelles que dans les actes de naissance.

Son parcours professionnel est étroitement lié à la mer ; Le Touquet où il fait son apprentissage, Monaco, La Baule, Mougins, Antibes, sont les étapes sur la route qui le mène à Nice. Seule entorse à cet itinéraire maritime, un passage obligé par la Capitale.

Nourrit au biberon d'une cuisine classique, à tel point qu'il croit interdit de s'éloigner des préceptes d'Escoffier, il arrive chez Roger Vergé. Très rapidement, il sent le décalage entre cette cuisine classique qu'il répète depuis des années et la profonde force créatrice qui anime cette cuisine du soleil. « J'avais l'impression d'avoir, depuis mon apprentissage, parlé une langue culinaire étrangère et de me retrouver d'un seul coup face à ma langue maternelle ».

Le 6 janvier 1978, il prend le poste de Chef au Négresco, palace niçois de renommée mondiale. Petit à petit, il s'affirme au travers d'une cuisine personnalisée, véritable réinterprétation du terroir. Ce qui était une ratatouille devient dans ses mains une « Ratatouille de crustacés », le pistou un « Pistou marin ». Jacques Maximin se retrouve dans l'utilisation des produits de la mer, quoi d'étonnant... il est du signe des « Poissons » !

S'il voue un véritable culte à « la pêche », il trouve dans l'arrière-pays un réservoir de produits avec lesquels son inspiration peut s'exprimer. « La courgette à la fleur et aux truffes », un de ses chefs-d'œuvre, est l'expression même de cette créativité, qui prend sa source dans les bases de la culture locale.

Les propositions de sa carte nous offrent tous les plaisirs ; du Menu Potager – exclusivement composé de plats à base de légumes et fruits – aux Chocolats à la Carte, en passant par « les Couleurs, Odeurs et Saveurs du Marché Niçois » vous goûterez à la palette la plus complète et excitante des parfums et goûts qu'une cuisine peut offrir.

La pâtisserie est elle aussi du plus haut niveau, véritable passion de Jacques Maximin. Il conçoit la carte des desserts en collaboration avec un jeune Chef Pâtissier, Jacques Torrès, qui vient de se voir, à son tour, honoré du titre envié de Meilleur Ouvrier de France.

Jacques est un personnage entier qui entend marquer sa génération. Il s'est lancé depuis peu dans une croisade pour les droits culinaires. « Une recette, c'est comme une œuvre littéraire, il faut se battre pour qu'enfin soit récompensé et reconnu le talent des véritables créateurs ». Et c'est vrai que dans ce monde de la restauration, il est beaucoup de faussaires et d'imitateurs.

Meilleur Ouvrier de France en 1979, Cuisinier de l'Année en 1982 et 1986[1], les honneurs pleuvent sur Jacques Maximin.

Bien que n'ayant plus rien à prouver, il n'a de cesse d'être le premier. Et lorsqu'un de ces confrères invente une recette extraordinaire, son seul regret est de ne pas avoir pensé avant, lui, à cette réalisation.

A l'heure actuelle, Jacques Maximin ne souffre aucunement de n'être pas établi à son compte, il est le « Maître » du Chantecler. A Nice, il est chez lui et si un jour il décidait de s'installer, il ne pourrait le faire que dans cette ville, à qui il a su redonner ses lettres de noblesse. Paris, Lyon, ne sont plus désormais les seuls centres créateurs de la gastronomie française.

1. Distinction décernée par les guides gastronomiques Gault et Millau et Hachette.

Courgettes à la fleur et aux truffes

INGRÉDIENTS
(pour 4 personnes)

Courgettes bien en fleur, 16 pièces
Œufs entiers, 2 pièces
Crème fraîche liquide (fleurette), 25 cl
Crème fraîche épaisse, 1 dl
Basilic, 1 botte
Cerfeuil, 1 botte
Estragon, 1 botte de 30 g environ
Mie de pain, 50 g
Truffe, 1 pièce de 40 g
Jus de truffes, 1 cuillère à café
Huile d'olive, 1 dl 1/2
Beurre, 150 g

Temps de préparation : 3 heures

Réalisation

Prenez de belles courgettes, dont l'une des extrémités s'ouvre en fleur, bien ouvertes et très fraîches (sur le marché en plein été et toute l'année sur le Côte d'Azur).

Laissez la fleur attenante à 10 cm des courgettes. Epluchez-les avec le couteau économe et plongez-les dans l'eau bouillante salée 5 à 10 secondes, puis aussitôt dans l'eau glacée. Les fleurs de courgettes sont ainsi blanchies et flétries. Egouttez et mettez de côté.

Récupérez les épluchures des courgettes et faites-les fondre dans l'huile d'olive. Débarrassez ensuite dans un bol à mixer ; ajoutez 10 feuilles de basilic très frais, sel, poivre, les œufs entiers et la chapelure de mie de pain trempée au préalable dans la crème fleurette. Mixez jusqu'à l'obtention d'une purée très lisse. Débarrassez et laissez refroidir au réfrigérateur quelques minutes.

Pour farcir les courgettes

C'est plus simple à deux.

Prenez une plaque allant au four et huilez-la à l'huile d'olive, sel, poivre.

Munissez-vous d'une poche à douille unie et garnissez-la de « farce ».

L'un prend une courgette par la fleur en la tenant par l'extrémité de la corolle entre ses deux pouces et l'index ; il écarte légèrement et souffle dans l'orifice pour gonfler la fleur. A ce moment précis, l'autre tenant la poche introduit la douille par l'orifice obtenu et d'une pression de la main sur la poche remplit la corolle de farce jusqu'aux 3/4. Celui qui tient la fleur effectue une rotation de l'extrémité de la corolle en réalisant ainsi, en quelque sorte, un nœud naturel.

Disposez toutes les courgettes sur la plaque huilée, arrosez

encore d'un peu d'huile, couvrez d'un papier alu et mettez à cuire à four moyen (th. 6) pendant 40 minutes.
Pendant ce temps, effeuillez les herbes fraîches, coupez finement la truffe, et préparez la sauce. Mettez à bouillir 10 cl d'eau avec une pincée de sel, un peu de poivre ; ajoutez en fouettant 150 g de beurre frais ; lorsque l'ébullition se produit, mettez de côté en tenant au chaud ; laissez infuser dans cette « sauce » les lames de truffes et leur jus. D'autre part, fouettez fermement la crème fraîche épaisse et gardez au frais.
Finition
Répartissez les courgettes dans 4 assiettes plates et larges en ayant soin de les éponger auparavant.
Récupérez à l'aide d'une fourchette les lames de truffes et répartissez-les sur les courgettes.
Donnez une légère ébullition à la sauce et incorporez-y la crème fouettée. Rectifiez l'assaisonnement et nappez-en les courgettes. Parsemez d'herbes fraîches effeuillées.

Aïoli de soles froid et salade de pommes de terre à la crème

INGRÉDIENTS
(pour 6 à 8 personnes)

Soles, 2 pièces de 600 g chacune
Carottes, 100 g
Navets, 100 g
Haricots verts, 100 g
Œufs entiers, 6 pièces
Pommes de terre moyennes, 4 pièces
Crème fraîche épaisse, 2 cuillères à soupe
Basilic, 5 feuilles
Ail, 10 gousses
Echalote, 1 pièce
Huile d'olive, 20 cl
Citron, 1 pièce
Sel, poivre, p. m.

Temps de préparation : 1 h pour la confection,
1 h 45 pour la cuisson.

Réalisation de la terrine
Levez les filets de deux belles soles de 500/600 g chacune. Aplatissez-les et épongez-les. Beurrez largement un moule rectangulaire de 30 cm de long. Tapissez-le des filets de soles. Salez, poivrez et mettez au frais.
Epluchez les carottes, navets, équeutez les haricots verts. Coupez tous les légumes en bâtonnets de 3 cm de long sur 3 mm de large, soit en grosse julienne.
Cuisez séparément chaque légume à l'eau salée. Rafraîchissez-les et égouttez-les. Cassez deux œufs entiers dans un saladier,

Une autre manière, plus originale, que l'ancestral aïoli de morue, mais où tous les parfums traditionnels sont réunis.

ajoutez les légumes cuits, bien égouttés et 5 feuilles de basilic. Mélangez, salez, poivrez et remplissez de cette composition le moule tenu au frais (le basilic doit être frais et haché).
Couvrez et mettez à cuire au bain-marie à four moyen (th. 6/7) pendant 1 h 45.
Après cuisson, mettez sous presse à l'aide d'une planchette de même dimension que le moule, avec un poids réparti de 3 kg. Laissez ainsi jusqu'à complet refroidissement et mettez au réfrigérateur un minimum de 12 h.

Le jour de l'utilisation
Aïoli léger à ma façon
Faites cuire à l'eau bouillante 10 gousses d'ail. Egouttez-les et mixez-les en fine purée. Mettez cette purée dans un saladier, ajoutez deux jaunes d'œufs durs, et deux jaunes crus. Mélangez au fouet en incorporant à petit filet 1 verre d'huile d'olive vierge, soit 20 cl environ. Salez, poivrez au moulin et gardez au frais.
Salade de pommes de terre
Cuisez à l'eau froide salée 4 pommes de terre moyennes. Après cuisson, pelez-les au couteau et gardez-les au chaud.
Mettez dans un saladier 2 cuillères à soupe de crème fraîche épaisse, du sel, du poivre au moulin, 1 échalote finement hachée, le jus d'un citron et coupez sur cette sauce les pommes de terre tièdes en lames pas trop fines. Mélangez délicatement.
Démoulez votre « aïoli de soles », à l'aide d'un couteau cannelé, détaillez en tranches et servez soit à l'assiette, soit au plat.
Accompagnez de la salade de pommes de terre tièdes et d'une saucière d'aïoli à part.
Remarque et coup de main
Cet aïoli peut également se réaliser avec du turbot, de la lotte, des rougets grondins, du cabillaud.

Une autre manière, plus originale, que l'ancestral aïoli de morue, mais où tous les parfums traditionnels sont réunis.

Recette extraite de « Couleurs, parfums et saveurs de ma cuisine » « Les recettes originales de Jacques Maximin » - Robert Laffont.

Jean-Luc Rouyer en compagnie de
Paul Léonard, dans son restaurant « La Côte de Bœuf »
à Marseille (cours d'Estienne-d'Orves)

VII

En suivant la route du vin

En Provence, la vigne est une affaire ancienne : on oublie trop souvent que cette région fut le berceau de la viticulture française.

Dès le VIe siècle avant notre ère, les fondateurs de la colonie grecque marseillaise nous enseignent la manière de cultiver la vigne qui pousse déjà ici à l'état sauvage.

Bien que confinée sur d'étroits espaces proches du littoral, la production, exportée par les navigateurs phocéens, devient rapidement un important élément d'échanges commerciaux.

Les Romains vont favoriser l'expansion de cette culture. En suivant la pénétration de l'armée, elle s'implante sur de nouveaux territoires plus en profondeur. L'empire offre de nouveaux débouchés commerciaux, source de prospérité, à la viticulture provençale, puisque les décrets des empereurs romains, visant à protéger les plantations d'Italie, n'empêchent pas le négoce des vins de la « Provincia ».

La vigne, à cette époque, est avant même l'olivier, la plus précieuse production de l'agriculture méditerranéenne.

Après la chute de l'empire romain, l'administration chrétienne prend le relais. Le symbolisme religieux du vin – sang du Christ – et son importance dans la consécration de l'office, accélèrent le développement de la viticulture.

Le roi René, Comte de Provence, introduit des cépages nouveaux, et fait connaître les Muscatels, ainsi que la vinification des vins clarets, dont il est particulièrement friand.

En ce temps-là, les Papes, réfugiés à Avignon, cultivent des vins rouges puissants et cuivrés – « sang divin et purpurin des calices sacerdotaux, mais aussi joies des fêtes de leur cour »[1] –. Clément V, puis Jean XXII seront même appelés les papes viticulteurs. Jusqu'à la Réforme, les vins de messe sont rouges. Car ils symbolisent le sang du Christ. Le passage au vin blanc pour l'office n'est qu'une réaction des catholiques face aux critiques de « théophagie » qui constituent le leitmotiv de la littérature polémique des réformateurs[2]. Il marque une « désubstantiation » de la célébration eucharistique.

Aux VIe et VIIe, malgré une situation agricole moins favorable, le vignoble se maintient.

Le système de culture particulier à la Provence – les oullières, bandes de terrain plantées de céréales, encadrées par plusieurs rangs de vigne, et intercalées d'oliviers – qui freine la qualité des vins est remis en cause, mais ne disparaîtra qu'au début du XXe siècle. Le vignoble marseillais se réduit au profit de ceux du côteau d'Aix et d'Arles. L'épidémie de phylloxera de 1860 modifie profondément la culture de la vigne provençale. Elle ne retrouvera d'ailleurs jamais l'importance qu'elle occupait auparavant.

La reconstruction se fait lentement, avec pour objectif principal la qualité. Les petits terroirs sont les premiers à saisir cette opportunité : Bandol, Cassis, Palette, Châteauneuf... imposent petit à petit leurs produits qui, à l'heure actuelle sont un élément essentiel de la nouvelle Provence gastronomique.

L'encépagement des différentes appellations provençales est réglementé. Cette contrainte, une des raisons d'obtention du label A.O.C.[3] respecte les plants traditionnels : Mourvèdre, Tibouren, Grenache, Cinsault, Syrah, Carignan, Ugni blanc, Rolle, Clairette, indispensables pour conserver l'identité de nos vins.

Promenez-vous dans les vignobles provençaux et décrouvrez, parmi d'autres, les vins de nos crus que nous avons choisis[4].

---

1. Paul Romain, *Les grands vins de France*, Paris, 1931. Reprint Jeanne Laffitte, 1980.
2. Sur ce problème, voir : F. Lesirigant, « Cannibalisme et guerres de religion », in *Pratiques et discours alimentaires à la Renaissance*, Maisonneuve et Larose, Paris.
3. A. O. C. : Appellation d'Origine Contrôlée.
4. Tout choix est arbitraire, nous avons donc établi une liste sur les seuls critères de nos goûts.

En suivant la route du vin

Bellet

Château de Crémat
442 chemin de Crémat
06200 NICE
M. C. Bagnis
93.86.14.71

Côtes-de-Provence

Domaine La Bernarde
83340 LE-LUC-EN-PROVENCE
Mme Jacqueline Meulnart
94.60.71.31

Château Barbeyrolles
Route de Ramatuelle
GASSIN
83990 SAINT-TROPEZ
Mme Régine Sumeire
94.56.33.58

Domaine d'Ott
Château de Selles
TARADEAU
83460 LES-ARCS-SUR-ARGENS
M. Rémy Ott
94.68.84.19

Château Sainte-Roseline
83460 LES-ARCS-SUR-ARGENS
M. le Baron Henri de la Rasque de Laval
94.73.32.87

Domaine Réal Martin
Le Val
83143 CORRENS
MM. J. Clotilde, G. Meimoun
94.86.40.90

Bandol

Domaine Pibarnon
83740 LA-CADIERE-D'AZUR
M. le Comte Henri de Saint-Victor
94.90.12.73

Domaine des Salettes
83740 LA-CADIERE-D'AZUR
M. Jean-Pierre Boyer
94.90.06.06

Château Pradeaux
83270 SAINT-CYR-SUR-MER
Mme la Comtesse de Portalis
94.26.10.74

Domaine de Terrebrune
83190 OLLIOULES
Delille père et fils
94.74.01.30

Cassis

Domaine de Caillols
13260 CASSIS
Ets Caillol Frères
42.01.05.35

Domaine La Ferme Blanche
13260 CASSIS
M. François Parret
42.01.70.86

Côteaux d'Aix-en-Provence

Château Vignelaure
83560 RIANS
M. G. Brunet
94.80.31.93

Château de Calissanne
SCA La Durançole
13680 LANCON-DE-PROVENCE
90.42.63.03

Palette

Château Simone
13590 MEYREUIL
M. Rougier
42.28.92.58

Côteaux des Baux de Provence

Domaine de Trévallon
13150 SAINT-ETIENNE-DU-GRES
Mme Jacqueline de la Baume-Dürrbach
90.91.26.00

Châteauneuf-du-Pape (A.O.C.)

Château de Beaucastel
84350 COURTHEZON
M. Pierre Perrin
90.70.70.60

Pierre Usséglio
Route d'Orange
84230 CHATEAUNEUF-DU-PAPE
90.83.72.98

Clos de Mont-Olivet
15 avenue Saint-Joseph
84230 CHATEAUNEUF-DU-PAPE
90.83.92.46

Gigondas

Domaine du Pourra
Route de Vaison-la-Romaine
84110 SABLET
M. Jean-Claude Chassagne
90.36.93.57

VIII
La restauration provençale

Bouches-du-Rhône

Aix-en-Provence (13100)

Le Clos de la Violette
10 avenue de la Violette
M. Jean-Marc Banzo
42.23.30.71

Le Vendôme
3 avenue Napoléon Bonaparte
M. Jean-Marie Merly
42.26.01.00

Relais de Sainte-Victoire
Quartier de Beaurecueil
M. René Bergès
42.28.94.98

Arles (13200)

Le Vaccarès
Place du Forum
M. Bernard Dumas
90.96.06.17

Carry-le-Rouet (13620)

L'Escale
Promenade du Port
M. Gérard Clor
42.45.00.47

Cassis (13260)

La Presqu'île
Quartier Port-Miou
42.01.03.77

Fontvieille (13990)

La Régalido
Rue Frédéric Mistral
M. Pierre Michel
90.97.70.17

Marseille (13000)

Le Miramar
12 quai du Port
MM. Pierre et Jean-Michel Minguella
91.91.10.40

Le Fauciny
56 rue Mazenod
M. Marc Bof
91.90.04.62

Aux Mets de Provence
18 quai de Rive-Neuve
M. Frédéric Brun
91.33.35.38

Au Chaudron Provençal
48 rue Caisserie
91.91.02.37

Chez Fonfon
138 vallon des Auffes
91.52.14.38

Bagatelle
7 rue des Trois Rois
M. Pierre Bagatta
91.42.30.69

Noves (13550)

L'Auberge de Noves
Noves
M. Lalleman
90.94.19.21

Salon de Provence (13300)

Robin
1 boulevard G. Clemenceau
M. Francis Robin
90.56.06.53

Vaucluse

Avignon (84000)

Hiély
5 rue de la République
M. Pierre Hiély
90.86.17.07

Brunel
46 rue de la Balance
90.85.29.83

Le Saint-Didier
41 rue de la Saraillerie
90.86.16.50

Cavaillon (84300)

Nicolet
10 place Gambetta
M. Alain Nicolet
90.78.01.56

Gordes (84220)

Les Bories
Route de Sénanque
M. Rousselet
90.72.00.51

Domaine de l'Enclos
Route de Sénanque
90.72.08.22

Monteux (84170)

Le Saule Pleureur
Quartier Beauregard
M. Michel Philibert
90.61.01.35

Alpes de Haute-Provence

Digne (04000)

Le Grand Paris
19 boulevard Thiers
M. Ricaud
92.31.11.51

Moustiers Sainte-Marie (04360)

Les Santons
Place de l'Eglise
92.74.66.48

Var

Grimaud (83310)

Les Santons
Route Nationale
M. Girard
94.43.21.02

Hyères (83400)

Auberge des Borrels
3e Borrels
M. Mme Raselli
94.57.30.40

Solliès-Toucas (83210)

Le Lingousto
R.N. 554
M. Alain Ryon
94.28.90.26

Alpes-Maritimes

Cannes (06400)

Le Royal Gray
6 rue des Etats-Unis
M. Jacques Chibois
93.48.54.54

Cros-de-Cagnes (06170)

La Réserve
91 boulevard de la Plage
M. Loulou Bertho
93.31.00.17

Cap d'Antibes (06600)

Restaurant de Bacon
Boulevard de Bacon
93.61.50.02

Juan-les-Pins (06160)

La Terrasse
Avenue Georges Gallice
93.61.20.37

La Napoule (06210)

L'Oasis
Rue Jean-Honoré Carle
M. Louis Outhier
93.49.95.52

Mougins (06250)

L'Amandier
Place du Commandant Lamy
M. Roger Vergé
93.90.00.91

Nice (06000)

Le Bistrot de la Promenade
7-9 Promenade des Anglais
M. Gérard Ferri
93.81.63.48

Saint-Martin-du-Var (06670)

Issautier
Route de Digne
M. Jean-François Issautier
93.08.10.65

Les produits régionaux

Liqueurs et alcools

Manguin Fruits et Eaux de Vie
La Desprelle - La Barthelasse
84000 AVIGNON
90.82.62.29

Huile d'olive - Olives confites

Moulin Coopérative de Haute-Provence
04200 MANOSQUE
92.72.01.31

Moulin de Maître Cornille
Coopérative oléicole de la Vallée des Baux
Rue Charloun
13 MAUSSANE
90.97.32.37

Guy Daver
Quartier Bourbartel
06 SPÉRACÉDES
93.66.11.20

Navettes de Saint-Victor

Four des Navettes
Maison Caumont-Depraz
136 rue Sainte
13000 MARSEILLE
91.33.32.12

Calissons et Fruits Confits

Marcel Richard
Quartier Saint-Joseph
84400 APT
90.74.13.56

Les Calissons du Roi René
Zone Commerciale de la Pioline
13290 AIX-LES-MILLES
42.20.18.89

Vous découvrirez tous ces produits et en découvrirez bien d'autres chez :
Georges Bataille
« La Fromagerie des Alpes »
Place Notre-Dame-du-Mont
13000 MARSEILLE
91.47.06.23

Bibliographie

Ouvrages de cuisine

BEAUVILLIERS (A.), *L'art du cuisinier*, 1814, Paris, 1984 reprint Morcrette.
BELLEUDY (J.), *La Provence gourmande*, Marseille 1910.
BRILLAT-SAVARIN (J.), *La physiologie du goût*, première édition en 1826 à Paris, en deux volumes. Actuellement aux Editions Herman – Paris 1975 – ou : Champs Flammarion, 1980.
BRUN (M.), *Le gourmandugi*, édité à compte d'auteur en mille exemplaires en 1949, Marseille avec des bois de Louis Jóu.
CAILLAT (A.), *150 manières d'accommoder les sardines*, Imprimerie Colbert, Marseille, 1898, reprint Morcrette.
CAILLAT (A.), *Nos aînés et la bouillabaisse*, Musée de l'art culinaire ; fondation Escoffier, Villeneuve-Loubet.
CARÊME (A.), *L'art de la cuisine française au XIXe siècle*, 1833. Reprint de Kerangué et Polles, 1981.
CHAPEL (A.), *La cuisine, c'est beaucoup plus que des recettes*, Editions Laffont, 1980.
CROZE (A. de), *La cuisine des provinces de France*, Montaigne, 1928, reprint Morcrette.
Psychologie de la table, Au Sans Pareil 1928
CURNONSKY, *Recettes et paysages*, Publication française, 1951.
DONON (J.), *French classic cuisine*, 1961 A A Knopf New York.
DUBOIS (U.) et BERNARD (E.), *La cuisine classique*, Dentu 1856.
DURAND (Ch.), *Le cuisinier Durand*, 1830 à Nîmes, Imprimerie de P. Durand-Belle, reprint Laffitte.
ESCOFFIER (A.), *Le guide culinaire*, 1902, Flammarion.
GRUENAIS-VANVERTS (M.), *La cuisine de Provence Luberon*, Denoël, 1982.
GOUFFÉ (J.), *Le livre de la cuisine*, 1884, reprint Bouderin 1980.
GRIMOD DE LA REYNIÈRE, *Almanach des Gourmands*, 1re année (1806) et 3e année (1808).
HERBODEAU (E.) et THALAMAS (P.), *Auguste Escoffier*, 1956, édité en Grande-Bretagne par Water Low and Sons Limited, London.
JOUVEAU (R.), *La cuisine provençale de tradition populaire*, Nîmes 1976.
MASSIALOT, *Le cuisinier royal et bourgeois*, 1691, Paris.
MAXIMIN (J.), *Couleurs, parfums et saveurs de ma cuisine*, Laffont, 1984.
MENON, *La cuisinière bourgeoise*, 1774, Paris.

MORARD (M.-C.), *Les secrets de la cuisine dévoilés*, 1886, Imprimerie générale Achard et Cie Marseille.
NOSTRADAMUS, ... *Des confitures*, 1552 rééd. Orban.
POULAIN (J.-P.), *Le Limousin gourmand*, Privat 1984.
REBOUL (J.-B.), *La cuisinière provençale*, Tacussel 1895.
VERGÉ (R.), *Ma cuisine au soleil*, Editions Laffont 1979 ; *Les fêtes de mon moulin*, Flammarion, 1986.
X..., *Le cuisinier méridional*, 1835, (attribué à Martel).

Ouvrages généraux

ARON (J.-P.), *Le mangeur du XIXe siècle*, Gonthier Denoël 1973.
BACHELARD (G.), *La terre et les rêveries du repos*, José Corti 1948.
BENOIT (F.), *La Provence et le Comtat Venaissin*, Aubanel, 1975 ; *La Provence de 1900 à nos jours*, Privat ; *Histoire de la Provence*, Privat.
BERGSON (H.), *Les deux sources de la morale et de la religion*, PUF 1932.
BOISSIEU (J.), *La louve des Baux, Le Seigneur des Baux*, Editions Mengès.
CAMPROUX (C.), *Histoire de la littérature occitane*, 1972 Paris.
CHAILLAN (M.), *Le Roi René à son château de Gardanne*, Paris 1909.
DION, *Histoire de la vigne et du vin en France, des origines au XIXe siècle*, Paris 1954.
DURAND (G.), *L'imagination symbolique*, PUF.
DURAND (G.), *Les structures anthropologiques de l'imaginaire* PUF.
ESCOFFIER (P.), *Souvenirs inédits*, Editions Laffitte 1986.
GEDDA (G.), *Mon village hier*, Presses Universelles 1974.
GIONO (J.), *Le bonheur fou*, Gallimard 1957.
MISTRAL (F.), *Lou tresor dóu félibrige*. Slatkine Reprint.
MISTRAL (F.), *Mémoires et récits*, (Le Isles d'Or, Le Poème du Rhône).
POULAIN (J.-P.), *Sens et fonctions des appellations culinaires au XIXe siècle*, in Sociétés no 6, Masson.
ROMAIN (P.), *Les grands vins de France*, 1931, la vie technique et industrielle.
RAMBERT (G.), *Le delta du Rhône de Colbert à la Renaissance*, revue Delta no 2.
REVEL (J.-F.), *Un festin en paroles*, J.-J. Pauvert 1970.
ROLLET (P.), *La vie quotidienne en Provence au temps de Mistral*, Hachette 1978.
ROUFF (M.), *La France à table*.
STOUFF (L.), *Ravitaillement et alimentation en Provence*, Mouton, 1970.
THUILIER (R.), *Les grandes heures de Baumanière*, Editions Ouest-France.
TIÉVANT (C.), *Almanach de la mémoire et des coutumes*, Albin Michel.

Table des recettes

Soupes et potages

Salades et hors-d'œuvre

Olives, aïoli, rouille

Œufs

Poissons, crustacés et mollusques

Viandes et volailles

Légumes

Desserts

Les recettes
de la grande cuisine provençale actuelle

Entrées

Poissons - crustacés

Viandes

Desserts

Divers

Table des matières

Achevé d'imprimer en février 1987,
sur les presses de SALINGRAF, S.A.L., à Bilbao.
La photocomposition a été réalisée par Objectif 31 à Toulouse,
pour le compte des Editions Privat, 14, rue des Arts, 31068 Toulouse cédex.